开创和发
什么全
义市场经
改革必须以促进社会公
点和落脚点 6.如何理解“
全面深化改革的总目标 8.如
决定性作用 9.为什么全面深化
引作用 10.如何理解改革开放
深化改革取得决定性成果的
理解公有制经济和非公有
济的重要组成部分，
重要基础 13、

展了中国特色社会主义 4.为
面深化改革必须坚持社会主
济改革方向 5.为什么全面深化
平正义、增进人民福祉为出发
三个进一步解放” 7.如何理解
何理解使市场在资源配置中起
改革必须发挥经济体制改革牵
的主要经验 11.为什么把全面
时间设定为到2020年 12.如何
制经济都是社会主义市场经
都是我国经济社会发展的
如何理解完善产权保护制
度 14.如何理解混合所有
制经济是基本经济制度
的重要实现形式 15.如
何理解完善国有资本
经营预算制度 16.
如何加强国有资
产监管 17.如何
理解进一步深
化国有企业改
革 18.如何支
持非公有制
经济健康
发展 19.为
什么要实
行统一的
市场准入
制度 20.
为什么要
实行统一

本书编写组◆编

53.如何进一步发展
基层民主 54.为什么要相对
集中执法权，推进综合执法 55.为
什么要改革司法管理体制 56.如何健
全司法权力运行机制 57.如何完善人权司
法保障制度 58.为什么要废止劳动教养制
度 59.为什么要形成科学有效的权力制约和
协调机制 60.如何加强和改进对主要领导干部
行使权力的制约和监督 61.如何进一步完善
党务、政务和各领域办事公开制度 62.如何
进一步健全反腐倡廉法规制度体系 63.
如何加强反腐败体制机制创新和制
度保障 64.如何进一步健全改进
作风常态化制度 65.如何
更好规范并

# 提问2014
## 聚焦中国新改革

TIWEN2014
JUJIAOZHONGGUOXINGAIGE

新 华 出 版 社

**图书在版编目（CIP）数据**

提问 2014：聚焦中国新改革/《提问 2014：聚焦中国新改革》编写组编
北京：新华出版社，2014.3
ISBN 978－7－5166－0919－4
Ⅰ.①提…　Ⅱ.①提…　Ⅲ.①体制改革—研究—中国　Ⅳ.①D61
中国版本图书馆 CIP 数据核字（2014）第 044203 号

**提问** 2014：聚焦中国新改革

**出 版 人**：张百新　　**责任编辑**：赵怀志　沈文娟
**封面设计**：李尘工作室　　**责任印制**：廖成华

**出版发行**：新华出版社
**地　　址**：北京石景山区京原路 8 号　**邮　　编**：100040
**网　　址**：http：//www. xinhuapub. com　http：//press. xinhuanet. com
**经　　销**：新华书店
**购书热线**：010－63077122　　**中国新闻书店购书热线**：010－63072012

**照　　排**：新华出版社照排中心
**印　　刷**：北京文林印务有限公司

**成品尺寸**：170mm×240mm　　**印　　数**：6000 册
**印　　张**：16.5　　**字　　数**：210 千字
**版　　次**：2014 年 4 月第一版　　**印　　次**：2014 年 4 月第一次印刷

**书　　号**：ISBN 978－7－5166－0919－4
**定　　价**：29.00 元

图书如有印装问题，请与出版社联系调换：010－63077101

# 出版说明

党的十八届三中全会吹响了全面深化改革的号角，作出了全面深化改革的总部署，发出了全面深化改革的总动员，通过了全面深化改革的纲领性文件《中共中央关于全面深化改革若干重大问题的决定》（以下简称《决定》）。

《决定》共16个部分、60条、300多项改革举措，明确了全面深化改革的总目标，指明了全面深化改革的任务，指出了全面深化改革的目的，部署了全面深化改革的重点，提出了全面深化改革的出发点和落脚点，阐释了全面深化改革的根本保证，是指导中国改革发展里程碑式的纲领性文件。如何正确解读《决定》中的诸多新看点，广大干部群众极为关注。比如，如何充分认识全面深化改革的重大意义？如何理解全面深化改革的总目标？如何理解改革开放的主要经验？如何理解公有制经济和非公有制经济都是社会主义市场经济的重要组成部分，都是我国经济社会发展的重要基础？……

为便于读者深入学习贯彻党的十八届三中全会精神，我们从新华社播发的系列稿件中精选出百余个问题，并以此为基础编撰了《提问2014：透视中国新改革》这本通俗理论读物，本书观点正确、说理明晰、通俗易懂，对《决定》的主要内容、精神实质和重大意义进行了解读，可供广大党员干部、青年学生参阅。

# 目录

提问2014

# 如何充分认识全面深化改革的重大意义？

党的十八届三中全会通过了《中共中央关于全面深化改革若干重大问题的决定》，全面总结了改革开放35年来的伟大历程，明确指出“改革开放是党在新的时代条件下带领全国各族人民进行的新的伟大革命，是当代中国最鲜明的特色”，强调“面对新形势新任务，全面建成小康社会，进而建成富强民主文明和谐的社会主义现代化国家、实现中华民族伟大复兴的中国梦，必须在新的历史起点上全面深化改革，不断增强中国特色社会主义道路自信、理论自信、制度自信”。这些重大论述深刻揭示了全面深化改革的重大意义。可以从以下3个方面来理解。

**第一，改革开放是大势所趋、人心所向，停顿和倒退没有出路。**回顾35年改革开放历程，我们深深体会到，没有改革开放，我们就不可能有今天这样的大好局面；没有改革开放，我国不知还要在封闭半封闭和停滞不前的状态下徘徊多久。深深体会到，改革开放是当代中国最鲜明的时代特色，是我们党最鲜明的时代旗帜，是中国人民最为自信和自豪的伟大创举。在新的历史起点上，时代要求进一步深化改革，经济社会发展呼唤进一步深化改革，人民群众期待进一步深化改革，改革的步伐决不能停顿，更不能倒退。中国共产党充分认识并自觉顺应人民愿望和时代要求，反复强调必须以更大决心冲破思想观念的束缚、突破利益固化的藩篱，坚定不移把改革推向前进。这必将开启我国新一轮改革浪潮，开辟中国特色社会主义事业更加广阔的前景。

**第二，全面建成小康社会，进而建成富强民主文明和谐的社会主义现代化国家、实现中华民族伟大复兴的中国梦，迫切要求全面深化改革**。全面建成小康社会，意味着在未来 7 到 8 年的时间里，我国经济社会发展必须在原有基础上实现新的全面提升，使经济更加发展、民主更加健全、科教更加进步、文化更加繁荣、社会更加和谐、人民生活更加殷实。实现全面提升，涉及生产关系和上层建筑的调整，涉及经济结构调整和发展方式转变，涉及收入分配制度和社会保障体系的创新，涉及城乡区域发展格局的完善，涉及人与自然和谐发展现代化建设新格局的构建，涉及党的建设制度的改革，这些必须依靠全面深化改革才能完成。

**第三，解决当前我国发展面临的一系列重大问题，继续保持经济社会持续健康发展势头，迫切要求全面深化改革**。当前，我国发展面临一系列突出矛盾和问题，如发展中不平衡、不协调、不可持续问题，科技创新能力不强问题，产业结构不合理问题，资源环境约束加剧问题，城乡区域发展差距和居民收入分配差距依然较大问题，社会矛盾多发易发问题，一些领域道德失范、诚信缺失问题，等等。我们必须以更大的政治勇气和智慧，不失时机深化重要领域改革，冲破思想观念的束缚，攻克体制机制上的顽瘴痼疾，突破利益固化的藩篱，进一步解放思想、解放和发展社会生产力、解放和增强社会活力，为坚持和发展中国特色社会主义，为实现中华民族伟大复兴的中国梦，提供强大动力和旺盛活力。

（新华社稿）

# 如何认识改革开放伟大历程？

党的十八届三中全会《决定》指出，党的十一届三中全会召开35年来，我们党以巨大的政治勇气，锐意推进经济体制、政治体制、文化体制、社会体制、生态文明体制和党的建设制度改革，不断扩大开放，决心之大、变革之深、影响之广前所未有，成就举世瞩目。这高度概括了改革开放的伟大历程。充分认识改革开放伟大历程，对于进一步坚定改革的信念和信心，增强全面深化改革的智慧和勇气，意义重大。

**第一，35年来改革开放经历了由易到难、由浅入深、不断深化、全面推进的过程**。35年来，我们不断深化经济体制改革，改革和完善农村基本经营制度，实行家庭承包经营为基础、统分结合的双层经营体制，改革城市经济管理体制，推动国有企业股份制改革，建立社会主义市场经济体制，坚持和完善公有制为主体、多种所有制经济共同发展的基本经济制度，加强和改善宏观调控，更好地发挥市场在资源配置中的基础性作用。我们坚持引进来和走出去相结合，不断扩大开放领域，深化外贸体制改革，完善有关税收和贸易融资制度，改革汇率制度，不断建立和完善有利于开放型经济发展的体制机制。我们不断推进政治建设和政治体制改革，健全党和国家领导制度，健全民主制度、丰富民主形式，坚持和完善人民代表大会制度，坚持和完善中国共产党领导的多党合作和政治协商制度、民族区域自治制度、基层群众自治制度，初步形成中国特色社会主义法律体系，建立健全权力运行制约和监督体系，党和国家各项工作制度化、规范化、程序化进展明显。不断深化文化体制改革，推动国有经营性文化单位转企改制，深化公益性文化事业单位内部改革，逐步完善文化管理体制和文化生产经营机制，积极推进文化领域对外开放，文化生产力、文化发展活力显著增强。我们不断推进社会体制改革，改革收入分配制度，深化教育领域综合改革，推进城乡社会保障体系建设，推进医药卫生体制综合改革，加强和创新社会管理，保障和改善民生取得重大进展。我们不断加强党的执政能力建设，坚持党总揽全局、协调各方，改革和完善党的工作机构和工作机制，党科学执政、民主执政、依法执政水平不断提高。这些改革，从经济领域开始，逐步延伸到其他领域，形成了全面推进的发展态势。

**第二，改革开放35年来，我们抓住了国际国内形势变化给我国发展带来的历史机遇，战胜了来自各方面的风险和挑战，实现了经济社会发展历史性转变**。我国实现了从计划经济体制向社会主义市场经济体制的历史性突破，实现了从封闭半封闭向全方位开放的历史性转折，人民生活实现了从温饱不足到总体小康的历史性跨越，经济总量实现了从世界十名开外到世界第二的历史性飞跃，中国特色社会主义制度不断完善和发展，社会主义和马克思主义在中国大地上焕发出勃勃生机，人民生活得到极大改善，人民积极性主动性创造性得到充分调动，社会发展生机活力得到极大增强。

**第三，改革开放是我们党领导和推动的，也必须在党的领导下继续向前推进**。35年来，我们党始终站在时代前列，顺应实践发展要求，顺应人民群众愿望，坚定不移地领导和推进改革开放。以邓小平同志为核心的党的第二代中央领导集体面对十年“文化大革命”造成的危难局面，坚持解放思想、实事求是，以巨大的政治勇气和理论勇气，作出把党和国家工作中心转移到经济建设上来、实行改革开放的历史性决策，吹响了改革开放的时代号角，掀开了当代中国发展的新篇章。以江泽民同志为核心的党的第三代中央领导集体在国内外政治风波、经济风险等严峻考验面前，以高超的政治智慧和统筹大局的能力，创立了社会主义市场经济体制，开创了全面改革的新局面，继续引领改革开放的航船驶向 21 世纪。党的十六大后，以胡锦涛同志为总书记的党中央顺应国内外形势发展变化，抓住重要战略机遇期，把改革创新精神贯彻到治国理政各个环节，不断推进理论创新、制度创新、科技创新、文化创新以及其他各方面创新，在推动我国社会主义制度自我完善和发展上迈出新的重大步伐。党的十八大以来，以习近平同志为总书记的新一届中央领导集体旗帜鲜明地高举改革开放旗帜，就全面深化改革作出部署，推动我国改革开放伟大事业继续向前发展。可以说，每一次重大改革决策，都是党中央在集中全党智慧、反映全国各族人民愿望基础上作出的，每当改革开放处于重要关头，都是党中央旗帜鲜明、高瞻远瞩，排除各种干扰，坚定不移向前推进的。没有党的坚强领导，改革开放不可能取得今天的辉煌成就，改革开放的步伐不可能如此坚定而扎实。面对未来，只有坚持党的领导，才能始终确保改革正确方向，中国特色社会主义才能迎来更加广阔的前景。

（新华社稿）

# 为什么说改革开放最主要的成果是开创和发展了中国特色社会主义？

**《决定》指出，改革开放最主要的成果是开创和发展了中国特色社会主义，为社会主义现代化建设提供了强大动力和有力保障。**应该说，改革开放 35 年来，我国取得的辉煌成就是全方位的，举世瞩目、令人自豪。《决定》把开创和发展了中国特色社会主义概括为改革开放最主要的成果，主要依据有 3 个方面。

**第一，改革开放的成果既包括物质成果，也包括精神成果，物质成果最终要体现到精神成果上来。**改革开放 35 年来，我国经济社会发展取得的辉煌成就，既体现在经济建设、政治建设、文化建设、社会建设、生态文明建设各领域所取得的物质成果上，也体现在党的思想理论建设和制度建设取得的精神成果上。因此，我们总结改革开放 35 年来取得的伟大成就，既要总结经济社会发展取得的物质成果，更要总结我们在思想理论建设和制度建设上取得的精神成果，把所有成果以道路、理论体系、制度等上层建筑的形式凝固下来，使之转化为人民群众对中国特色社会主义的道路自信、理论自信、制度自信，转化为人民不断开创党和国家事业发展新局面的强大精神动力。

**第二，中国特色社会主义包括道路、理论体系、制度 3 个方面，与经济建设、政治建设、文化建设、社会建设、生态文明建设和党的建设取得的成果，共同构成了改革开放伟大成就，是有机统一、不可分割的整体。**改革开放 35 年来，我们党带领全国各族人民进行的一切探索，归根到底是要搞清楚什么是社会主义、怎样建设社会主义，建设什么样的党、怎样建设党，实现什么样的发展、怎样发展等一系列重大问题。围绕这些重大理论和实践问题，我们党不断推进理论创新、制度创新、科技创新、文化创新以及其他各方面创新，不断推进我国社会主义制度自我完善和发展。所取得的成果，归结起来就是开创和发展了中国特色社会主义，从而为全面建成小康社会、加快推进社会主义现代化、实现中华民族伟大复兴的中国梦指明了前进方向和正确道路。中国特色社会主义是在改革开放历史新时期中开创并发展的，没有改革开放就没有中国特色社会主义；没有中国特色社会主义，我们也不可能在经济建设、政治建设、文化建设、社会建设、生态文明建设和党的建设等各方面取得如此辉煌的成就。因此，把开创和发展了中国特色社会主义概括为改革开放35年来的最主要成果，并没有掩盖或否定经济社会发展取得的成就，而是更加全面、深刻地反映了改革开放所取得的伟大成就。

**第三，中国特色社会主义是改革开放所有成果的集中体现，也是把改革开放伟大事业继续推向前进的根本保证，最值得我们倍加珍惜、始终坚持、不断发展**。道路、理论体系、制度等，具有根本性、全局性、长期性、稳定性，是立党立国的头等大事。一个政党最可宝贵的执政成果，不仅仅在于为人民提供了丰富的物质文化生活条件，更在于找到使党和国家兴旺发达、长治久安的根本之策。中国特色社会主义道路、理论体系、制度，就是我们党带领全国各族人民经过长期奋斗、创造、积累才找到的实现国家富强、人民幸福的治国安邦大计，是中国共产党和中国人民为世界文明发展作出的最重要的贡献，是我们不断夺取中国特色社会主义新胜利的根本保证。

（新华社稿）

## 为什么全面深化改革必须坚持社会主义市场经济改革方向？

方向问题至关重要。坚持什么样的改革方向，决定着改革的政策取向和最终成败。《决定》**提出，坚持社会主义市场经济改革方向**。这就要求不仅经济体制改革而且其他各领域改革都要坚持社会主义市场经济的改革方向，从而为全面深化改革指明了方向。可以从 3 个方面来理解。

**第一，坚持社会主义市场经济改革方向，是建立完善的社会主义市场经济体制的必然要求**。党的十四大在总结党的十一届三中全会以来成功实践、借鉴世界各国发展经济有益经验基础上，提出了建立社会主义市场经济体制的改革目标。20 多年来，我们紧紧围绕建立社会主义市场经济体制的目标，坚定不移地推进经济体制改革以及其他各方面改革，实现了从计划经济体制向社会主义市场经济体制的历史性转变，极大地促进了社会生产力的发展，极大地增强了党和国家事业发展的生机和活力。但也要看到，虽然我们已经初步建立起社会主义市场经济体制，但市场体系还不健全，市场发育不充分，政府与市场的关系没有理顺，特别是政府对市场干预过多与监管不到位并存，权力腐败、行业垄断等问题日益突出，市场在资源配置中的基础性作用受到诸多制约。市场化改革是一项艰巨的历史任务，只要建立完善的社会主义市场经济体制这一任务没有完成，市场化改革的方向就不能变，市场化改革的步伐就不能停顿。

**第二，坚持社会主义市场经济改革方向，是加快推进社会主义现**

**代化的必然要求**。市场经济是人类社会发展的必经阶段，也是人类社会迄今为止发展社会生产力、激发人的创造力、增强社会活力最为有效的手段。我国社会主义制度并不是在发达资本主义的废墟上诞生的，而是在贫穷落后的半殖民地半封建社会基础上通过武装革命建立起来的。我国社会主义自建立之日起，面临的最紧迫、最根本的任务就是解放和发展社会生产力，并在发展社会生产力基础上，逐步构建适应社会化大生产的经济、政治、文化、社会、生态文明等各方面制度，让人民过上更好生活。新中国成立以来，我们围绕建设社会主义，提出了一系列现代化的战略目标，最典型的就是“四个现代化”，即工业现代化、农业现代化、国防现代化、科学技术现代化。党的十八届三中全会又提出“推进国家治理体系和治理能力现代化”，这是一个新的现代化概念，与“四个现代化”一脉相承。实现这些现代化目标，其实都离不开市场经济这个最根本的社会基础。

**第三，坚持社会主义市场经济改革方向，不仅是经济体制改革的基本遵循，也是全面深化改革的重要原则**。建立完善的社会主义市场经济体制，不仅仅涉及经济体制的改革，也涉及其他各领域的体制改革。因此，必须把坚持社会主义市场经济改革方向贯穿到经济、政治、文化、社会、生态文明等各领域的体制改革之中，使各领域改革朝着建立完善的社会主义市场经济体制方向协同推进，推动形成与社会主义市场经济发展要求相适应的体制机制。

（新华社稿）

# 为什么全面深化改革必须以促进社会公平正义、增进人民福祉为出发点和落脚点？

**《决定》提出，全面深化改革，必须以促进社会公平正义、增进人民福祉为出发点和落脚点。**这是全面深化改革指导思想的关键要素之一，明确了全面深化改革需要着力解决的根本问题。

**第一，以促进社会公平正义、增进人民福祉为出发点和落脚点，是解决当前社会突出问题的迫切要求。**改革开放以来，我国经济社会发展取得的巨大成就，为促进社会公平正义提供了坚实物质基础和有利条件。但在我国现有发展水平上，社会上也存在大量不公平、不正义现象，比如教育、就业机会不公问题，收入分配差距问题，社会保障体系“碎片化”问题，特殊化和特权现象问题，司法不公问题，贪赃枉法、侵害群众权益问题，等等。这些问题不单涉及经济领域，也涉及政治、文化、社会、生态文明等各个领域，已经成为一个影响经济社会发展全局的重大问题。特别是随着我国经济社会发展和人民生活水平不断提高，人民群众的公平意识、民主意识、权利意识不断增强，人民群众对社会不公问题反映越来越强烈。中央全面审视和科学分析我国经济社会发展的现状和态势，认为这个问题不抓紧解决，不仅会影响人民群众对改革开放的信心，而且会影响社会和谐稳定，危及经济社会持续健康发展的基础。

**第二，以促进社会公平正义、增进人民福祉为出发点和落脚点，是让发展成果更多更公平惠及全体人民的迫切要求。**改革的目的是为了更好地造福人民。如果不能给老百姓带来实实在在的利益，如果不能创造更加公平的社会环境，甚至导致更多的不公平，改革就会失去意义，也不可能持续。改革必然触及利益格局的调整，有可能使部分群众切身利益暂时受到影响，但出发点和落脚点必须是使全体人民根本利益得到更好的实现、维护、发展。我们强调要冲破利益固化的藩篱，就是因为利益固化导致诸多社会不公，如在发展、收入分配、教育、就业、社会保障、医疗、住房等方面存在权利、机会、规则不公平问题，一部分人没有公平公正地享受改革发展成果。因此，强调以促进社会公平正义、增进人民福祉为出发点和落脚点，就是要确保全面深化改革在更加注重解决人民群众最关心最直接最现实的利益问题上下功夫，在让发展成果更多更公平惠及全体人民上下功夫，在增进人民福祉、让人民过上更好生活上下功夫。

**第三，以促进社会公平正义、增进人民福祉为出发点和落脚点，是坚持和发展中国特色社会主义的内在要求**。我们强调通过全面深化改革，让一切劳动、知识、技术、管理、资本的活力竞相迸发，让一切创造社会财富的源泉充分涌流，让发展成果更多更公平惠及全体人民，就是为了更好地体现中国特色社会主义的优越性。我们讲使各方面制度更加成熟更加定型，就是为了解决好制度的公正性和普惠性问题，打牢中国特色社会主义制度的社会基础和群众基础。因此，全面深化改革的重要任务之一，就是加紧建设对保障公平正义具有重大作用的制度，逐步建立起以权利公平、机会公平、规则公平为主要内容的社会公平保障体系，努力营造公平的社会环境，保证人民平等参与、平等发展权利。要把促进社会公平正义、增进人民福祉作为一面镜子，认真审视各方面体制机制和政策规定，哪里有不符合公平正义的问题，哪里就需要改革，哪个领域问题突出，哪里就是改革的重点。特别是改革进入攻坚期和深水区，必然会触及已有的体制机制和利益格局，思想认识越来越难以统一，改革的难度越来越大，我们必须以更大的政治勇气和智慧，坚决破除各方面体制机制障碍，突破利益固化的藩篱，使我们的制度和体制机制更加体现公平正义原则，更加有利于实现和维护人民利益。

（新华社稿）

# 如何理解“三个进一步解放”？

**《决定》提出，进一步解放思想、解放和发展社会生产力、解放和增强社会活力**。这“三个进一步解放”，既是改革的核心，也是改革的目的，三个方面相互联系、相互促进、有机统一。强调“三个进一步解放”，目的就是通过全面深化改革，努力营造有利于人的思想解放、有利于社会生产力的解放、有利于一切生产要素活力充分释放的体制机制和社会环境，进一步体现中国特色社会主义制度的优越性，为推动经济社会持续健康发展提供不竭动力。

**第一，解放思想是前提，是解放和发展社会生产力、解放和增强社会活力的总开关和原动力**。改革开放伟大决策，发轫于35年前的那场关于真理标准的大讨论。这是一场强烈呼唤我国社会主义新时期伟大变革的思想解放运动，使全党从“两个凡是”的束缚中解放出来，恢复了我们党实事求是的思想路线，冲破了长期以来人们对马克思主义的教条式的理解，冲破了人们对社会主义的一些错误的、僵化的思想认识，为改革开放伟大历史转折奠定了坚实的思想基础。可以说，没有全党的思想解放，我们党就不可能在“文化大革命”结束不久那种困难局面下作出把党和国家工作中心转移到经济建设上来、实行改革开放伟大决策，开启我国发展的新时期；没有全党全社会解放思想、与时俱进，不断推进理论创新和实践创新，就不可能有效化解前进道路上的各种风险挑战，把改革开放伟大事业推向前进。因此，思想解放是最根本的解放，是一切理论、路线、方针、政策的总开关。当今社会发展步伐加快，新科技新知识日新月异，新情况新问题层出不穷，解放思想永无止境。全面深化改革，既需要全党全社会进一步解放思想，同时也需要通过全面改革进一步冲破各种思想观念的束缚，不断以思想解放推动理论创新、实践创新以及各方面创新，为经济社会发展提供源源不断的思想活水。

**第二，解放和发展社会生产力，是解放思想、解放和增强社会活力的目的和归宿所在**。党的十八大报告明确指出，解放和发展社会生产力是中国特色社会主义的根本任务。我们党成立 90 多年来的一切革命、建设、改革实践，目的就是为了解放和发展社会生产力，实现民族独立、人民解放、国家富强；我们的一切奋斗目标的实现，包括全面建成小康社会、建成富强民主文明和谐的社会主义现代化国家、实现中华民族伟大复兴的中国梦，乃至实现共产主义远大理想，都建立在社会生产力充分发展基础之上。虽然经过改革开放 35 年的奋斗，我国经济社会得到极大发展，但就社会生产力水平来讲，还远远落后于西方发达国家，先进生产力比重不大、布局不均衡，落后生产方式大量存在，社会整体生产效率比较低。这就要求我们在相当长的一个时期内，必须坚持以经济建设为中心，把集中精力发展社会生产力摆在首位。强调进一步解放思想、解放和增强社会活力，目的也是为社会生产力发展创造更好条件，而且最终也要体现到解放和发展社会生产力上来。

**第三，解放和增强社会活力，是解放思想的必然结果，也是解放和发展社会生产力的重要基础**。没有社会活力的充分释放，解放思想就不能真正转化为社会进步的动力，解放和发展社会生产力就会失去坚实的社会基础。社会主义要在与资本主义竞争中赢得比较优势并最终取代资本主义，靠的就是社会主义在实现人的解放上比资本主义制度更有效率，更能激发全体人民的积极性主动性创造性，更能为社会生产力的解放和发展提供便利。全面深化改革很重要的一个方面，就是紧紧围绕解放和发展社会生产力这一根本任务，全面深化各领域各环节的改革，努力创造有利于社会活力充分激发的社会环境，为解放和发展社会生产力提供良好的社会条件。

（新华社稿）

# 如何理解全面深化改革的总目标？

《决定》**提出，全面深化改革的总目标是完善和发展中国特色社会主义制度，推进国家治理体系和治理能力现代化**。这个总目标是根据邓小平同志提出的战略任务来确定的。《决定》在邓小平同志提出的战略目标基础上，进而提出推进国家治理体系和治理能力现代化，进一步丰富了“完善和发展中国特色社会主义制度”目标的内涵和要求。

**第一，完善和发展中国特色社会主义制度，推进国家治理体系和治理能力现代化，是实现社会主义现代化题中应有之义**。完善和发展中国特色社会主义制度，目的是为了更好地提高党带领人民管理经济社会事务的能力；推进国家治理体系和治理能力现代化，是为了更好发挥制度优势，把制度优势转化为管理经济社会事务的效能。两者一脉相承、有机统一。国家治理体系实际上就是我国经济社会管理制度体系，既包括人民代表大会制度这一根本政治制度和中国共产党领导的政治协商制度、民族区域自治制度、基层群众自治制度等基本政治制度，中国特色社会主义法律体系，公有制为主体、多种所有制经济共同发展的基本经济制度，也包括经济、政治、文化、社会、生态文明等各领域的制度安排、体制机制。治理能力则是我们运用这些制度和体制机制管理经济社会事务的能力。有了好的治理体系，才能提高治理能力；提高治理能力，才能发挥治理体系的效能。推进国家治理体系和治理能力现代化，是继“四个现代化”后我们党提出的又一个“现代化”战略目标，是推进社会主义现代化题中应有之义，是完善和发展中国特色社会主义制度的必然要求。

**第二，完善和发展中国特色社会主义制度，推进国家治理体系和治理能力现代化，是新的时代条件下加强党的执政能力建设的必然要求**。我们党已经在全国执政64年，无论是在制度建设还是在管理经济社会事务方面都取得了巨大成就，积累了许多经验。特别是改革开放以来，我国以世界上少有的速度持续快速发展起来，人民生活显著改善，城乡面貌发生翻天覆地变化，充分说明我们党在制度建设和管理经济社会事务上的智慧和能力。但我们也要看到，相比经济社会发展要求，相比人民群众的期待，相比当今世界激烈的国际竞争，我们在制度建设和管理能力方面还有许多不足，还有许多亟待完善和提高的地方。特别是在新的时代条件下，我们党的执政能力越来越多体现在制度建设和治理能力上。完善和发展中国特色社会主义制度，推进国家治理体系和治理能力现代化，就是要适应时代发展要求，既改革不适应实践要求的体制机制，又不断构建新的制度和体制机制，使经济、政治、文化、社会、生态文明和党的建设等各方面制度和体制机制更加科学、更加完善，推动党和国家各项工作制度化、规范化、程序化，不断提高党科学执政、民主执政、依法执政能力。

**第三，完善和发展中国特色社会主义制度，推进国家治理体系和治理能力现代化，要求我们在加强制度建设的同时，把治理能力建设摆在更加突出的位置**。长期以来，我们十分重视制度建设，通过不懈努力不断完善各方面的制度和体制机制，但在如何发挥好制度效能方面重视不够。同时，随着经济社会发展，社会管理面临许多新情况新问题，许多问题尚未找到有效的解决办法。因此，一方面要求完善和发展中国特色社会主义制度，另一方面要求推进国家治理体系和治理能力现代化，更加注重治理能力建设，加强和创新社会管理，把各方面制度和体制机制的优势转化为管理经济社会事务的实际效能。

（新华社稿）

# 如何理解使市场在资源配置中起决定性作用？

**《决定》提出，紧紧围绕使市场在资源配置中起决定性作用深化经济体制改革**。“决定性作用”的提法，是我们党在理论上的又一重大飞跃，有利于在全党全社会树立关于政府和市场关系的正确观念，有利于转变经济发展方式，有利于转变政府职能，有利于抑制消极腐败现象，必将对加快市场化改革、建立完善的社会主义市场经济体制起到重大的指导和推动作用。

**第一，使市场在资源配置中起决定性作用是市场经济的本质要求**。所谓“决定性作用”，是指市场在所有社会生产领域的资源配置中处于主体地位，对于生产、流通、消费等各环节的商品价格拥有直接决定权。市场决定资源配置的机制，主要包括价格机制、供求机制、竞争机制以及激励和约束机制。其作用主要体现在，以利润为导向引导生产要素流向，以竞争为手段决定商品价格，以价格为杠杆调节供求关系，使社会总供给和总需求达到总体平衡，生产要素的价格、生产要素的投向、产品消费、利润实现、利益分配主要依靠市场交换来完成。实践证明，迄今为止，在市场经济条件下，尚未发现任何力量比市场的作用更广泛、更有效率、更可持续。因此，只要实行市场经济体制，就必须尊重市场在资源配置中的主体地位和决定性作用，其他任何力量都不能代替市场的作用。

**第二，使市场在资源配置中起决定性作用，并没有否定或忽视政府作用，而是要求更好发挥政府作用**。社会主义市场经济体制比资本主义自由主义的市场经济体制更有优势，就在于社会主义市场经济兼顾了效率和公平。兼顾效率和公平，一个很重要的原因就是政府在参与资源配置过程中作用更加积极全面，更能发挥保持宏观经济稳定、弥补市场失灵、熨平经济波动的作用。在社会主义市场经济条件下，政府不仅仅是充当“守夜人”的角色，而且要通过以国家发展战略和规划为导向、以财政政策和货币政策为主要手段的宏观调控体系对经济进行宏观调控。当然，更好发挥政府作用，不等于政府可以更多地直接参与资源配置、干预微观经济活动，更不等于代替市场在资源配置中的决定性作用。

**第三，使市场在资源配置中起决定性作用，表明我们党对社会主义市场经济规律的认识和把握达到了一个新的高度**。1992 年初，邓小平同志在南方谈话中明确指出，计划多一点还是市场多一点，不是社会主义与资本主义的本质区别，计划和市场都是经济手段。这解决了我们思想上的一个禁锢，即社会主义也可以发展市场经济。在此基础上，我们党对市场在资源配置中的认识不断深化：党的十五大提出“使市场在国家宏观调控下对资源配置起基础性作用”；党的十六大提出“在更大程度上发挥市场在资源配置中的基础性作用”；党的十七大提出“从制度上更好发挥市场在资源配置中的基础性作用”；党的十八大提出“更大程度更广范围发挥市场在资源配置中的基础性作用”。但“基础性作用”的定位并不彻底，容易让人理解为“基础性作用”之上还有一个更高层面的“决定性作用”，而且容易把“决定性作用”理解为政府的作用。这就为政府对市场直接干预、过多干预、不当干预开了口子，提供了理论依据。党的十八届三中全会全面总结改革开放 35 年来的历程，明确提出“使市场在资源配置中起决定性作用”，揭示了社会主义市场经济的本质要求，是我们党在理论上一个新的重大突破，必将进一步加快我国改革开放进程。

完善的社会主义市场经济体制是使市场在资源配置中起决定性作

用的制度保障。这就要求我们必须积极稳妥地从广度和深度上推进市场化改革，大幅度减少政府对资源的直接配置，推动资源依据市场规则、市场价格、市场竞争实现效益最大化和效率最优化。从广度上推进市场化改革，要求我们在继续推进经济体制改革的同时，必须全面深化政治、文化、社会、生态文明等各领域的体制改革，健全与社会主义市场经济体制相配套的各方面体制机制。从深度上推进市场化改革，要求我们必须从基本经济制度、现代市场体系、政府职能、财税体制、城乡发展一体化体制机制、开放型经济体制等方面入手，在解决影响市场起决定性作用的深层次问题上着力，努力构建有利于市场经济发展的市场规则、法律体系、社会环境。

（新华社稿）

# 为什么全面深化改革必须发挥经济体制改革牵引作用?

《决定》**提出，必须发挥经济体制改革的牵引作用**。这是全面深化改革总体思路的核心所在。发挥经济体制改革牵引作用，与以经济体制改革为重点和“六个紧紧围绕”，构成了全面深化改革的顶层设计和总体思路。强调发挥经济体制改革牵引作用，主要是因为：

**第一，经济体制改革具有牵一发而动全身的作用**。建立完善的社会主义市场经济体制，涉及经济、政治、文化、社会、生态文明等各领域的改革，除了要求继续深化经济体制改革，坚持和完善公有制为主体、多种所有制经济共同发展的基本经济制度外，也要求其他各领域改革的方向、目标、任务、举措等必须围绕着完善社会主义市场经济体制这一战略目标来谋划和推进。这就要求我们在设计和推进全面深化改革时必须坚持以经济体制改革为主轴，突出经济体制改革这个重点，以此牵引和带动其他领域的改革，使各方面改革协同推进、形成合力。

**第二，现阶段只有经济体制改革能够带动全方位的改革**。“五位一体”的全面改革，涉及面广，必须分清主次、突出重点，而不能平均用力、分散用力。我们讲整体推进和重点突破相促进，就是以经济体制改革为重点，首先在经济体制改革上取得突破，带动各方面改革整体推进。有人认为，现阶段改革必须把政治体制改革摆在第一位，认为政治体制改革滞后影响和制约了经济体制和其他各方面体制的改革。这种看法脱离了我国的实际，是极端错误的。主要原因有两个方面：一是现阶段我国经济社会发展的主要矛盾仍然在经济领域，如发展的不平衡不协调不可持续问题，收入分配差距依然较大问题，资源和环境约束问题，这些都与我们的经济体制直接相关，不首先解决这些问题，我们的改革就失去了现实针对性和必要性。二是我国仍处于并将长期处于社会主义初级阶段，发展仍是解决中国所有问题的关键。因此，我们现阶段的主要任务依然是解放和发展社会生产力，进一步把“蛋糕”做大，让老百姓得到实实在在的利益。只有经济更加发展了，才能为解决其他方面的问题提供坚实的物质基础，其他各方面的改革才能有更加有利的社会条件。

**第三，以经济体制改革为重点牵引其他方面体制改革是经过实践检验的成功做法，必须继续坚持**。改革开放35年来，我们从农村经济体制改革起步，到城市经济体制改革，从国有企业改革到非公有制经济的发展，从对内搞活到对外开放，从经济领域到政治、文化、社会、生态文明等其他领域，改革的领域不断扩大，但始终没有偏离经济体制改革这个重点，并依据经济体制改革的客观需要逐步推进其他领域的改革。这是改革开放取得成功的重要原因之一。我们坚持从实际出发，摸着石头过河，先从人民最关心最现实最直接的利益问题入手，先易后难，在确保经济发展的前提下逐步深化其他领域的改革。实践证明这个路子是正确的。经过35年的不懈努力，我国经济体制发生深刻变化，实现了从计划经济体制向社会主义市场经济体制的历史性转变，初步建立起社会主义市场经济体制。但是也要看到，在经济领域我们还有许多深层次问题没有解决，许多重大关系没有理顺，影响和制约科学发展的体制机制障碍主要还集中在经济领域。我们必须进一步加大经济体制改革的力度，努力在重点领域和关键环节改革上取得新的突破，为其他领域改革提供强大动力，创造更好条件。

（新华社稿）

# 如何理解改革开放的主要经验？

《决定》全面回顾改革开放的成功实践，总结出 4 条重要经验。这 4 条重要经验，也是全面深化改革必须坚持的基本原则。深入领会这 4 条重要经验，对于确保全面深化改革顺利推进并取得成功具有十分重要的意义。

**第一，关于“坚持党的领导，贯彻党的基本路线，不走封闭僵化的老路，不走改旗易帜的邪路，坚定走中国特色社会主义道路，始终确保改革正确方向”**。这一条讲的是党的政治路线问题。改革开放伟大决策是我们党在认真总结新中国成立 29 年来正反两方面经验和世界社会主义运动历史经验教训的基础上作出的，也是在党领导下向前推进的。我们党是改革开放的领导者和推动者。没有党的坚强领导，改革开放不可能走到今天，更不可能取得如此辉煌的成就。没有党的坚强领导，改革开放很可能会迷失方向，要么走回封闭僵化的老路上去，要么走到改旗易帜的邪路上去。在新的历史起点上全面深化改革，必须始终坚持党的领导。这一点必须高度清醒、毫不动摇。

**第二，关于“坚持解放思想、实事求是、与时俱进、求真务实，一切从实际出发，总结国内成功做法，借鉴国外有益经验，勇于推进理论和实践创新”**。这一条讲的是党的思想路线问题。改革开放是我们党解放思想的结果。没有全党的思想解放，我们党就不可能在“文化大革命”结束不久作出把党和国家工作中心转移到经济建设上来、实行改革开放伟大决策，开启我国发展的新时期；没有我们党始终坚持解放思想、实事求是、与时俱进、求真务实，不断推进理论创新和实践创新，就不可能有效化解各种风险和挑战，把改革开放伟大事业推向前进，迎来今天这样的大好局面。思想观念是个总开关，解放思想永无止境。面对新情况新任务新挑战，思想不解放，我们就很难看清各种利益关系固化的症结所在，很难找准突破的方向和着力点，很难拿出有突破性的改革举措。必须坚持解放思想、实事求是、与时俱进、求真务实，全面把握现阶段我国经济社会发展的新要求和人民群众的新期待，全面把握国际形势发展变化为我国发展带来的新机遇新挑战，大胆地试、大胆地闯。

**第三，关于"坚持以人为本，尊重人民主体地位，发挥群众首创精神，紧紧依靠人民推动改革，促进人的全面发展"**。这一条讲的是党的群众路线问题。人民是历史的创造者，人民群众是我们力量的源泉。依靠人民来推动改革，绝不是一句空话。古今中外历史反复证明，没有人民的支持和参与，任何改革都不可能取得成功。习近平总书记指出，人民对美好生活的向往，就是我们奋斗的目标。全面深化改革，必须始终牢记全心全意为人民服务的根本宗旨，贯彻党的群众路线，与人民心心相印、与人民同甘共苦、与人民团结奋斗。推进任何一方面的改革，都要站在人民的立场上把握和处理好改革涉及的重大问题，都要从人民的利益出发谋划改革思路、制定改革举措。人民群众中蕴含着无限的智慧和力量。要尊重人民的主体地位和首创精神，深入调查研究，虚心听取群众的意见和建议，及时总结群众创造的新鲜经验，把群众推进改革的积极性主动性创造性引导好、保护好、发挥好，把群众的智慧和力量凝聚到改革上来，与人民一道把改革推向前进。

**第四，关于"坚持正确处理改革发展稳定关系，胆子要大、步子要稳，加强顶层设计和摸着石头过河相结合，整体推进和重点突破相促进，提高改革决策科学性，广泛凝聚共识，形成改革合力"**。这一条讲的是改革的方法论问题。正确处理改革发展稳定的关系，这是改革开放最重要的方法之一。改革是动力，发展是目的，稳定是前提。把三者有机统一起来，是我们党政治智慧的集中体现。胆子要大、步子要稳，讲的是科学态度问题。胆子要大，就是要坚定改革的决心和勇气，就是要有那么一股“冒”的勇气、闯的劲头；步子要稳，就是要统筹谋划、慎重考虑、科学决策，不能急于求成，避免发生根本性、方向性错误。加强顶层设计和摸着石头过河相结合，讲的是普遍性和特殊性的关系问题，既要从全局的高度对改革进行谋划和设计，又要坚持从实际出发，能改的就改，该快则快，该慢则慢，不能改的坚决守住。整体推进和重点突破相促进，讲的是整体和局部的关系问题，既要全面推进各领域改革，又不能平均用力，必须突出重点，力争在重要领域和关键环节首先取得突破，以此带动其他领域的改革。广泛凝聚共识、形成改革合力，讲的是执行力问题。任何改革决策都要靠具体的部门、单位和人民群众去贯彻执行。如果各方面各层次对改革认识不统一，理解不一致，就不可能在实践中相互配合、形成合力、协同推进。这些方法论方面的经验，对于全面深化改革具有十分重要的指导意义。

（新华社稿）

# 为什么把全面深化改革取得决定性成果的时间设定为到 2020 年？

**《决定》提出，到 2020 年，在重要领域和关键环节改革上取得决定性成果，完成《决定》提出的改革任务，形成系统完备、科学规范、运行有效的制度体系，使各方面制度更加成熟更加定型。**《决定》按 7 到 8 年的时间提出改革任务，主要考虑有 3 个方面。

**第一，要与党的十八大精神相一致。党的十八大就全面建成小康社会和全面深化改革开放作出了战略部署，提出的目标任务、重大举措都是为了确保到 2020 年实现全面建成小康社会宏伟目标。**党的十八届三中全会为落实党的十八大的战略部署，就经济、政治、文化、社会、生态文明和党的建设制度等各领域改革作出明确而具体的部署。可以说，党的十八大报告是新的历史起点上全面深化改革开放的总体纲领，党的十八届三中全会《决定》则是具体纲领。具体纲领是总体纲领的具体化，必须与总体纲领保持一致。因此，党的十八大提出的全面建成小康社会和全面深化改革开放的目标时间设定就是到 2020 年，那么党的十八届三中全会就全面深化改革作出的《决定》在时间设定上也必须与党的十八大精神保持一致，就是为了确保到 2020 年如期全面建成小康社会。

**第二，要与邓小平同志提出的“三步走”战略的第三步相衔接。**根据邓小平同志提出的“三步走”战略，大概设想是：第一步，从 1981 年到 1990 年，实现国民生产总值比 1980 年翻一番，解决人民的温饱问题；第二步，从 1991 年到 20 世纪末，实现国民生产总值再翻一番，人民生活达到小康水平；第三步，到21世纪中叶，实现人均国民生产总值达到中等发达国家水平，人民生活比较富裕，基本实现现代化。党的十四大对实现第三步战略目标提出了初步设想。党的十五大对第三步战略目标进一步具体化，提出到21世纪第一个10年，实现国民生产总值比2000年翻一番，使人民的小康生活更加富裕，形成比较完善的社会主义市场经济体制；再经过10年的努力，到建党100年时，使国民经济更加发展，各项制度更加完善；到新中国成立100年时，基本实现现代化，建成富强民主文明的社会主义现代化国家。党的十六大提出全面建设小康社会的奋斗目标，强调要在本世纪头20年，集中力量，全面建设惠及十几亿人口的更高水平的小康社会。党的十七大提出了全面建设小康社会的新要求。党的十八大提出了“两个一百年”的奋斗目标，对全面建成小康社会和全面深化改革开放作出部署。这实际上明确了“三步走”战略中的第三步战略又分三步走，构成了新的“三步走”战略。而新“三步走”战略中第二步，实现的时间就是2020年左右。可以说，2020年对我们党和国家事业发展来讲，是一个非常重要的时间节点：一是实现“两个一百年”奋斗目标中第一个“百年目标”、全面建成小康社会，就是2020年左右；二是实现邓小平同志1992年初在南方谈话中提出的“再有三十年的时间，我们才会在各方面形成一套更加成熟、更加定型的制度”的战略任务，时间大概也是2020年前后；三是实现党的十六大提出的建成完善的社会主义市场经济体制的目标，差不多也是这个时间。因此，党的十八届三中全会提出的全面深化改革的目标任务，在时间设定上必须与我们党提出的重大战略相衔接。

**第三，有利于增强改革的实效性**。全面深化改革，既要面向未来、着眼长远，为实现“两个一百年”奋斗目标、实现中华民族伟大复兴的中国梦而奋斗，更要立足当前、从实际出发，着力解决当下经济社会发展存在的各种突出矛盾和问题。把时间设定短一些，既有利于我们明确阶段性目标、增强操作性，又有利于增强各地区各部门全面深化改革的责任感和紧迫感，有利于抓好落实，有利于督促检查，确保在未来 7 到 8 年的时间里，通过各方面的共同努力，在重要领域和关键环节改革上取得决定性成果，完成《决定》提出的改革任务，形成系统完备、科学规范、运行有效的制度体系，使各方面制度更加成熟更加定型。

（新华社稿）

## 如何理解公有制经济和非公有制经济都是社会主义市场经济的重要组成部分，都是我国经济社会发展的重要基础？

《决定》提出，**公有制经济和非公有制经济都是社会主义市场经济的重要组成部分，都是我国经济社会发展的重要基础**。这是对社会主义市场经济发展实践的新概括，是对基本经济制度内涵的丰富和发展，是对中国特色社会主义道路自信、理论自信、制度自信的具体体现。

**“公有制经济和非公有制经济都是社会主义市场经济的重要组成部分”，这是党的文件第一次将公有制经济与非公有制经济这样并列提出，是我们党对中国特色社会主义规律认识不断深化的结果**。1992年，党的十四大提出，“经济体制改革的目标，是在坚持公有制和按劳分配为主体、其他经济成分和分配方式为补充的基础上，建立和完善社会主义市场经济体制”。“社会主义市场经济体制是同社会主义基本制度结合在一起的。在所有制结构上，以公有制包括全民所有制和集体所有制经济为主体，个体经济、私营经济、外资经济为补充，多种经济成分长期共同发展，不同经济成分还可以自愿实行多种形式的联合经营。”党的十四届三中全会通过的《中共中央关于建立社会主义市场经济体制若干问题的决定》进一步明确，“在积极促进国有经济和集体经济发展的同时，鼓励个体、私营、外资经济发展，并依法加强管理。随着产权的流动和重组，财产混合所有的经济单位越来越多，将会形成新的财产所有结构”。“国家要为各种所有制经济平等参与市场竞争创造条件，对各类企业一视同仁”。1997年9月，党的十五大认真总结了党的十一届三中全会以来在所有制问题上的经验教训，下决心消除所有制结构不合理对生产力发展的束缚，明确提出“公有制为主体、多种所有制经济共同发展，是我国社会主义初级阶段的一项基本经济制度”，这就从基本制度上确立了非公有制经济在我国社会主义市场经济中的地位。1999 年九届全国人大二次会议通过宪法修正案，将非公有制经济是社会主义公有制经济补充的提法修改为“在法律规定范围内的个体经济、私营经济等非公有制经济，是社会主义市场经济的重要组成部分”，这是从国家根本大法上确认非公有制经济已经成为社会主义经济制度的一个重要组成部分，是社会主义市场经济的所有制基础之一。党的十六大提出坚持和完善基本经济制度的“两个毫不动摇”，强调坚持公有制为主体、促进多种所有制经济发展，统一于社会主义现代化建设的进程中，不能把这两者对立起来。这不仅强调了各种所有制经济是相互融合的、相互促进的，而且是可以共同发展的。党的十六届三中全会通过的《中共中央关于完善社会主义市场经济体制若干问题的决定》与时俱进地提出：“要适应经济市场化不断发展的趋势，进一步增强公有制经济的活力，大力发展国有资本、集体资本和非公有资本等参股的混合所有制经济，实现投资主体多元化，使股份制成为公有制的主要实现形式。”这样就把非公有制经济的发展与公有制为主体密切联系在一起。党的十七大进一步提出“坚持平等保护物权，形成各种所有制经济平等竞争、相互促进新格局”。党的十八大强调保证各种所有制经济平等使用生产要素、公平参与市场竞争、同等受到法律保护。《决定》进一步明确公有制经济和非公有制经济都是社会主义市场经济的重要组成部分，表明公有制经济和非公有制经济都是社会主义市场经济不可或缺的平等竞争主体，他们统一于社会主义初级阶段的基本经济制度中，标志着我们党对基本经济制度、对中国特色社会主义经济发展规律认识的深化，公有制经济和非公有制经济相互合作、相互融合、相互促进，共同促进经济社会发展，已经成为完善社会主义市场经济体制的重要内容。

从实践看，经过35年的改革开放，我国基本经济制度已经建立并不断得到完善，所有制结构逐步调整，公有制经济和非公有制经济都在建设中国特色社会主义进程中发挥了积极作用，自身也得到极大发展，在发展经济、促进就业等方面的比重不断变化，增强了经济社会发展活力。

（新华社稿）

# 如何理解完善产权保护制度？

**《决定》在坚持和完善基本经济制度的改革任务中，首先提出的就是完善产权保护制度**。这充分说明产权保护制度在坚持和完善基本经济制度中所处的重要地位和作用，是完善社会主义市场经济体制的重要举措。

**完善产权保护制度是坚持和完善基本经济制度、完善社会主义市场经济的内在要求**。产权制度是关于产权界定、运营、保护的一系列体制安排，是社会主义市场经济存在和发展的基础。我们党在推进改革开放、探索和实践社会主义与市场经济相结合的过程中，始终围绕所有制和产权这一主线展开。党的十四届三中全会在提出建立社会主义市场经济体制时，把建立产权清晰的现代企业制度作为重要内容之一；随着经济市场化和多种所有制经济的发展，党的十五大确立了公有制为主体、多种所有制经济共同发展的基本经济制度；党的十六大提出“毫不动摇地巩固和发展公有制经济”，“毫不动摇地鼓励、支持和引导非公有制经济发展”；党的十六届三中全会在这个基础上进一步提出建立以归属清晰、权责明确、保护严格、流转顺畅为主要特征的现代产权制度，以巩固公有制经济的主体地位，促进非公有制经济发展；党的十七大在坚持和完善基本经济制度、坚持“两个毫不动摇”的基础上，提出“坚持平等保护物权，形成各种所有制经济平等竞争、相互促进新格局”；随着改革实践的发展，对明晰界定各类产权、依法进行有效保护的制度安排提出更高要求，党的十八大在强调坚持和完善基本经济制度时进一步提出“保证各种所有制经济依法平等使用生产要素、公平参与市场竞争、同等受到法律保护”。《决定》根据党的十八大的要求，明确提出，坚持和完善基本经济制度，要健全现代产权制度，完善产权保护制度。这一改革举措，必将对坚持和完善基本经济制度、完善社会主义市场经济体制，进而促进经济持续健康发展产生重大影响。

**完善产权保护制度是坚持和完善基本经济制度、完善社会主义市场经济体制的迫切需要**。随着改革的深化和多种所有制经济的发展，不仅国有资本、集体资本不断壮大，个体、私营、外资等非公有资本和城乡居民私有财产迅速增加，各种资本流动、重组、融合日益频繁，投资主体多元化、各种所有制经济交叉持股的混合所有制经济已成为发展的必然趋势，各类财产权都要求有完善的产权保护制度作为保障。我们到2020年要进入创新型国家行列，对知识产权的保护也越来越重要。所有这些都迫切要求完善对各类产权依法进行有效保护的制度。宪法和法律对财产权的保护已有明确规定，但在实践中，产权得不到有效保护的问题依然比较突出，经济社会发展中出现的很多问题也与产权保护制度不完善有关。针对这些问题，《决定》鲜明地指出，公有制经济财产权不可侵犯，非公有制经济财产权同样不可侵犯。国家保护各种所有制经济产权和合法利益，而不是只保护公有制经济产权和合法权益；国家保证各种所有制经济依法平等使用生产要素、公开公平公正参与市场竞争、同等受到法律保护，而不会容许任何违反法律的不公平、不平等的规定；国家依法监管各种所有制经济，而不会只监管非公有制经济。

总之，完善产权保护制度，将有利于维护公有财产权，巩固公有制经济的主体地位；有利于保护私有财产权，促进非公有制经济发展；有利于各类资本的流动和重组，推动混合所有制经济发展；有利于增强企业和公众创业创新的动力，形成良好的信用基础和市场秩序，是一项坚持和完善基本经济制度、完善社会主义市场经济体制的基础性制度建设。

（新华社稿）

# 如何理解混合所有制经济是基本经济制度的重要实现形式？

**《决定》提出，积极发展混合所有制经济，并强调国有资本、集体资本、非公有资本等交叉持股、相互融合的混合所有制经济，是基本经济制度的重要实现形式**。这是我们党认真总结改革开放 35 年来的实践经验作出的重大决策，是对社会主义初级阶段基本经济制度内涵的丰富和发展。认真学习贯彻这一决策，对于更好坚持和完善基本经济制度、完善社会主义市场经济体制，具有十分重要的意义。

这一决策是我们党对有关所有制论断和基本经济制度认识不断深化的结果。在计划经济体制下，我们追求资本组织形式纯而又纯的单一公有制形式。改革开放以来，个体、私营等非公有制经济从无到有，从允许存在到定位"有益补充"和"重要组成部分"。党的十四大确立了建立社会主义市场经济体制的改革目标。党的十四届三中全会阐述了市场经济条件下以股份制为特征的混合所有制经济发展的必然趋势，指出随着产权流动和重组，财产混合所有的经济单位越来越多，将会形成新的财产所有结构。党的十五大确立了社会主义初级阶段的基本经济制度，第一次提出混合所有制经济概念，阐述了公有制和混合所有制的关系。党的十五届四中全会进一步提出，国有大中型企业尤其是优势企业，宜于实行股份制的，要通过规范上市、中外合资和企业互相参股等形式，改为股份制企业，发展混合所有制经济，重要的企业由国家控股。党的十六大明确提出，除极少数必须由国家独资经营的企业外，积极推行股份制，发展混合所有制经济。党的十六届三中全会提出，要适应经济市场化不断发展的趋势，进一步增强公有制经济的活力，大力发展国有资本、集体资本和非公有资本等参股的混合所有制经济，实现投资主体多元化，使股份制成为公有制的主要实现形式。党的十七大提出，以现代产权制度为基础，发展混合所有制经济。这次《决定》更为明确地提出，积极发展混合所有制经济，并强调国有资本、集体资本和非公有资本等交叉持股、相互融合的混合所有制经济是基本经济制度的重要实现形式。这是在新形势下探索公有制经济和市场经济相结合有效形式的成果，既与以往论述一脉相承，又结合实际实现了新的突破和发展，反映了经济市场化深入发展的客观要求，必将有力地推动混合所有制经济的发展，进一步完善基本经济制度。

混合所有制经济是有利于促进社会生产力发展的资本组织形式。混合所有制经济从本质上说就是股份制经济，是一种富有活力和效率的资本组织形式。我国的股份制特点是不同性质的资本融合的混合所有制的股份制经济，也就是混合所有制经济。积极发展这样的混合所有制经济，有利于改善国有企业、集体企业和非公有制企业的产权结构，推动企业建立适应市场经济发展的现代企业制度；有利于国有资本放大功能、保值增值、提高竞争力；有利于推动各类所有制企业产权的流动和重组，优化资本配置，使效益最大化；有利于依托多元产权架构和市场化的运营机制提高国有经济或公有经济效益；有利于非公有制经济进入基础设施、公用事业等更多领域，拓展发展空间。

近些年来，国有资本、集体资本和非公有资本交叉持股、相互融合的混合所有制经济迅速发展，在经济生活中发挥着越来越重要的作用，显示出旺盛的生命力。目前，全国90%以上的国有企业完成了公司制股份制改革，国有企业规模迅速壮大，2011年，全国国有及国有控股企业（不含金融类）资产总额与2007年相比翻了一番多，影响力和控制力大大增强；2012年，进入世界500强的中国内地国有及国有控股企业达到 64 家，经济实力和国际竞争力明显加强。非公有制经济迅速发展，对经济和社会发展的贡献越来越大。作用越来越重要。积极发展混合所有制经济，必将对发展中国特色社会主义产生重大影响。

（新华社稿）

# 如何理解完善国有资本经营预算制度？

**《决定》提出，完善国有资本经营预算制度，提高国有资本收益上缴公共财政比例，2020年提到30%，更多用于保障和改善民生。这是深化国有企业改革、改善国有经济布局、增强国有企业社会责任的重大举措，是坚持和完善基本经济制度的客观要求**。对这项改革需要从以下几个方面加深理解。

**第一，什么是国有资本经营预算制度？**所谓国有资本经营预算，是指反映政府出资人以资本所有者身份取得的收入和用于资本性支出的预算，反映了国有资本所有者与国有资本经营者之间的收益分配关系。国家作为国有资本投资者依法取得国有资本收益，是应当享有的权利，也是建立国有资本经营预算制度的基础。1993年，党的十四届三中全会通过的《中共中央关于建立社会主义市场经济体制若干问题的决定》首次提出建立国有资产经营预算；2002年，党的十六大确立了我国新的国有资产监督管理体制；2003年，党的十六届三中全会通过的《中共中央关于完善社会主义市场经济体制若干问题的决定》明确提出建立国有资本经营预算制度；2007年，党的十七大强调加快建设国有资本经营预算制度。按照中央部署，2007年，国务院发布了《国务院关于试行国有资本经营预算的意见》，规定国有资本收益具体包括：（1）应交利润，即国有独资企业按规定应当上交国家的利润；（2）国有股股利、股息收入，即国有控股、参股企业国有股权（股份）获得的股利、股息收入；（3）国有产权转让收入，即转让国有产权、股权（股份）获得的收入；（4）企业清算收入，即国有独资企业清算收入（扣除清算费用），国有控股、参股企业国有股权（股份）分享的公司清算收入（扣除清算费用）；（5）其他国有资本收益。这些都为建立国有资本经营预算制度提供了依据，对国有资产出资人制度和落实国有资本收益权作出了规定。

2007 年 12 月，财政部和国资委联合印发了《中央企业国有资本收益收取管理暂行办法》，同时明确地方国有企业由地方国资委决定上缴制度。

经过 3 年试运行，2010 年国务院决定，从 2011 年起将 5 个中央部门（单位）和 2 个企业集团所属共 1631 户企业纳入中央国有资本经营预算实施范围，同时适当提高中央企业国有资本收益收取比例，其中资源类中央企业收取比例从 10％提高到 15％，一般竞争类中央企业收取比例由 5％提高到 10％，军工科研类中央企业收取 5％。

2010 年 5 月，财政部下发《关于推动地方开展试编国有资本经营预算工作的意见》后，绝大多数地方出台了实施国有资本经营预算的意见或办法，多数省区市开始编制国有资本经营预算，部分省区延伸到地市级。

**第二，为什么《决定》要提出进一步提高上缴公共财政比例？**首先，从国有企业的性质看，国有企业属于全民所有，国有资本收益应当由全民共享，国有企业有义务承担相应社会责任，这也是进一步深化改革的重点之一。其次，从实践看，国家作为国有资本出资者没有充分享有应有的权利。20 世纪 90 年代，国有企业半数亏损，当时规定国有企业利润不上缴是可以理解的。进入 2000 年以来，国有企业利润大幅度增加，2006 年突破 1 万亿元，2007 年达 1.62 万亿元，其中，中央企业利润近万亿元。2007 年财政部和国资委发文规定上缴比例，但实际上缴比例很低。社会各方面对这种状况反映强烈，普遍认为国有企业利润上缴比例太低，主张较大幅度提高上缴比例。根据国有企业经营状况，参考 2000—2008 年 16 个发达经济体中 49 家有分红数据的国有企业数据平均上缴比例，《决定》提出，提高国有资本收益上缴公共财政比例，2020 年提到 30%。应该说，这是符合实际要求的。

**第三，为什么要强调国有资本收益上缴公共财政的用途？**从近几年情况看，国有资本收益应由全民共享这条原则没有得到很好贯彻。以 2011 年为例，中央国有资本经营收入 800.61 亿元，支出 769.54 亿元，其中 723.6 亿元又以各种名目返还给了中央企业，调入公共财政的只有 40 亿元，只占上缴利润的 5.2%；2012 年，中央国有资本经营收入 950.76 亿元，国有资本经营支出预算 875 亿元，其中调入公共预算用于社保等民生支出仅 50 亿元，只占上缴利润的 5.3%。针对这种情况，为使国有资本收益上缴的资金能够真正让全民共享，《决定》提出，提高国有资本收益上缴公共财政比例，更多用于保障和改善民生。

（新华社稿）

# 如何加强国有资产监管？

国有资产是发展壮大国有经济的重要物质基础。**根据完善社会主义市场经济体制的要求和新的实践，《决定》提出，完善国有资产管理体制，以管资本为主加强国有资产监管，改革国有资本授权经营体制，组建若干国有资本运营公司，支持有条件的国有企业改组为国有资本投资公司**。这是适应经济市场化改革不断深入的新形势完善国有资产监管体制的重大举措，有利于国有资本保值增值，进一步增强国有经济活力、控制力、影响力。

**《决定》提出的以管资本为主加强国有资产监管，是混合所有制经济快速发展新形势的客观要求**。近年来，国有企业通过引进战略投资者、在境内外资本市场上市，积极推进股权多元化改革。随着市场化改革的加快，产权流动和重组更加频繁，企业的产权所有结构也会不断变化。这种变化客观要求对国有资产的监管要从管企业为主转向管资本为主，完善国有资产监管体制，确保出资人到位履行职责。

**《决定》提出的改革国有资本授权经营体制，组建若干国有资本运营公司，支持有条件的国有企业改组为国有资本投资公司，也是适应新形势增强国有经济活力、控制力、影响力的必然选择**。现行的国有资产授权经营，是指各级国有资产管理部门将一定范围内的国有资产授权给大型企业、企业集团和控股公司，由他们进行持股，行使出资人的权利。

经过不断探索和完善，国有资产管理体制和国有企业改革取得重大进展，国有资产规模快速扩大。随着国有企业股份制改革的深入和现代企业制度的建立，国有资产的资本化和证券化趋势明显、流动性增强，对国有资本授权经营体制提出了改革的要求。同时，国有资本的运营效率和收益率低下也暴露出授权经营体制的缺陷。参考国内中金公司金融资本运营模式和国外新加坡淡马锡资产管理公司模式，通过划拨现有国有企业股权组建一批国有资本运营公司，即以资本运营为主的公司形式，运营的对象是持有的国有资本（股本），包括国有企业的产权和公司制企业中国有股权，运作主要在资本市场，既可以在资本市场融资（发股票），又可以通过股权产权买卖来改善国有资本的分布结构和质量。公司运营强调资金的周转循环、追求资本在运动中增值，运作的形式多种多样，包括兼并或分立、成立合资公司、公司制改建、培育上市公司、产权转让置换等，通过这些资本的运营，使国有资本实现保值增值。《决定》还提出，要支持有条件的国有企业改组为国有资本投资公司，以投资融资和项目建设为主，通过投资实业拥有股权，通过资产经营和管理实现国有资本保值增值，履行出资人职责。

国有资本职能定位不清晰，国有经济布局不合理，是国有资产管理中存在的又一突出问题。2010 年，70%以上的国有企业仍分布在一般生产加工、商贸服务及其他行业，不利于发挥国有资产在提升国家能力和社会利益最大化中的特殊作用。针对上述问题，《决定》强调，国有资本投资运营要服务于国家战略目标，更多投向关系国家安全、国民经济命脉的重要行业和关键领域，重点提供公共服务、发展重要前瞻性战略性产业、保护生态环境、支持科技进步、保障国家安全。这就明确了国有资本的职能定位，对国有资本的布局也划定了清晰的范围。

（新华社稿）

# 如何理解进一步深化国有企业改革？

国有企业是中国特色社会主义制度的突出特色和优势，是公有制经济的核心载体。《决定》**把推动国有企业完善现代企业制度作为深化国有企业改革的总思路，明确了进一步深化国有企业改革的重点，并作了具体部署**。我们要正确理解和把握国有企业改革的总体思路和重点，通过改革使国有企业把改革要求和部署落到实处。

**第一，正确把握深化国有企业改革的正确方向**。《决定》强调指出，国有企业属于全民所有，是推进国家现代化、保障人民共同利益的重要力量。经过 30 多年改革，国有企业的管理体制、运行机制、布局、效率和企业形态都发生了深刻变化。目前，全国 90％以上的国有企业完成了公司制股份制改革，中央企业的改制面也由 2003 年的 30.4％提高到 2011 年的 72％。一大批大型国有企业先后在境内外资本市场上市，到 2011 年底，由中央企业控股的境内外上市公司达 359 家，占中央企业资产总额的 54.07％、净资产的 68.67％、营业收入的 60.4％。现代企业制度的建立、公司法人治理结构的完善，从体制机制上强化了国有企业市场主体的地位，增强了其市场化运作的适应力和自觉性。《决定》指出，国有企业总体上已经同市场经济相融合。进一步深化国有企业改革，各项举措要有利于继续发挥国有经济的主导作用，有利于不断增强国有经济活力、控制力、影响力，有利于增强国有企业社会责任感。总之，是有利于国有经济持续健康发展，进一步发展壮大国有经济而不是削弱国有经济。

**第二，充分认识深化国有企业改革的必要性**。国有企业改革发展已经取得了重大成效，增强了我们发展国有企业、壮大国有企业的信心，但国有企业也积累了一些问题、存在一些弊端，需要进一步推进改革。从国有企业发展的环境看，随着市场化的改革力度不断加大，统一开放竞争有序的现代市场体系将加快完善，公平开放透明的市场规则进一步建立健全，主要由市场决定价格的机制、城乡统一的建设用地市场、金融市场体系会进一步完善，市场在资源配置中的作用将从基础性提升到决定性，政府对市场的干预将大幅减少。从开放的形势看，为适应经济全球化的新趋势，我国将构建开放型经济新体制，推动对内对外相互促进、引进来走出去更好结合，促进国际国内要素有序自由流动、资源高效配置、市场深度融合，国有企业在全球范围内配置资源、参与竞争将会成为常态，必须加快培育参与和引领国际经济合作竞争新优势。这些都将使国有企业的发展面临诸多巨大的新挑战。为此，《决定》强调，必须适应市场化、国际化新形势，进一步深化国有企业改革。

**第三，深化国有企业改革的重点是规范经营决策、资产保值增值、公平参与竞争、提高企业效率、增强企业活力、承担社会责任**。一是准确界定国有企业功能，分类推进改革。对公益性的企业，例如提供公共产品、公共服务的企业，国有资本要加大投入，为提供更多更好的公共产品和服务作出更大贡献；对以网络系统为存在基础的自然垄断行业，需要国有资本继续控股，但也要实行以政企分开、政资分开、特许经营、政府监管为主要内容的改革。随着科技进步，自然垄断行业的自然垄断性业务正在逐步缩小，原来被视为自然垄断行业的大量业务逐步变为可以引入市场竞争的非自然垄断性业务，要根据不同行业的特点实行网运分开、放开竞争性业务，推进公共资源配置市场化；对仍依靠行政权力运营的国有企业或国有企业的部分业务，进一步破除各种形式的行政垄断，推动企业公平参与市场竞争，增强国有企业的活力和竞争力。二是推动国有企业完善现代企业制度。必须健全协调运转、有效制衡的公司法人治理结构，建立职业经理人制度，更好发挥企业家作用，提高经营决策的科学化、规范化水平。三是深化企业内部管理人员能上能下、员工能进能出、收入能增能减的制度改革。四是建立长效约束激励机制，强化国有企业投资经营责任追究。探索推进国有企业财务预算重大信息公开。五是国有企业要合理增加市场化选聘比例，合理确定并严格规范国有企业管理人员薪酬水平、职务待遇、职务消费、业务消费。

（新华社稿）

# 如何支持非公有制经济健康发展？

**《决定》提出，必须毫不动摇鼓励、支持、引导非公有制经济发展，激发非公有制经济活力和创造力，并作出了各项改革的具体部署**。这不仅是坚持和完善基本经济制度、完善社会主义市场经济体制的内在要求，也对促进经济持续健康发展具有重要意义。

**《决定》为进一步支持非公有制经济健康发展提供了理论依据**。改革开放以来，随着经济社会发展和经济体制变革，我们对非公有制经济的认识也不断深化。最初只是“允许存在”；党的十三大提出，私营经济是公有制经济必要的和有益的补充；党的十四大提出，以公有制包括全民所有制和集体所有制经济为主体，个体经济、私营经济、外资经济为补充，多种经济成分长期共同发展；党的十五大把公有制经济为主体、多种所有制经济共同发展上升为社会主义基本经济制度，明确个体、私营等非公有制经济是社会主义市场经济的重要组成部分；党的十六大强调毫不动摇地巩固和发展公有制经济，毫不动摇地鼓励、支持和引导非公有制经济发展；党的十七大在“两个毫不动摇”的基础上提出，坚持平等保护物权，形成各种所有制经济平等竞争、相互促进新格局；党的十八大进一步提出保证各种所有制经济依法平等使用生产要素、公平参与市场竞争、同等受到法律保护。《决定》认真总结了改革开放以来的理论和实践，在功能定位上明确提出，公有制经济和非公有制经济都是社会主义市场经济的重要组成部分，都是我国经济社会发展的重要基础。这些新的表述，提升了非公有制经济的地位和作用，丰富和发展了基本经济制度的内涵。

**《决定》充分肯定了非公有制经济对经济社会发展的重要作用，使进一步支持非公有制经济健康发展有了坚实的实践基础**。据统计，2012年，非公有制经济占国内生产总值的比重已超过60%，在全社会固定资产投资中的比重已超过60%，提供的税收占全部税收的73.1%，成为经济增长的重要推动力量；大量创新型科技企业都是民营中小企业，涌现出华为、海尔等一批技术创新走在行业前列的民营企业，在促进科技创新方面作出了重要贡献；提供了80%以上的城镇就业岗位，成为解决就业的主渠道；在各种所有制经济中，个体、私营企业的税收增长是最快的。实践证明，改革开放以来，非公有制经济经历了从无到有、从小到大、从弱到强，在支撑增长、促进创新、扩大就业、增加税收等方面具有重要作用。

**《决定》强调，支持非公有制经济健康发展，在政策待遇上要坚持权利平等、机会平等、规则平等，创造市场公平竞争的政策环境**。一是完善产权保护制度，公有制经济财产权不可侵犯，非公有制经济财产权同样不可侵犯。二是废除对非公有制经济各种形式的不合理规定，消除各种隐形壁垒，保证各种所有制经济依法平等使用生产要素、公平参与市场竞争、同等受到法律保护。三是实行统一的市场准入制度，在制定负面清单（指凡是国家不允许生产的产品、经营的业务和针对外资的与国民待遇、最惠国待遇不符的规定，或业绩要求、高管要求等方面的管理措施等均以清单方式列明）基础上，各类市场主体可依法平等进入清单之外领域。四是国家保护各种所有制经济产权和合法权益，依法监管各种所有制经济。五是对污水处理、垃圾处理、公共交通等城市公用事业，要打破非公有制企业市场准入的“玻璃门”、“弹簧门”，制定非公有制企业进入特许经营领域具体办法。六是鼓励非公有制企业参与国有企业改革。七是鼓励发展非公有资本控股的混合所有制企业。八是针对私营企业家族管理模式不利于企业做大做强的问题，鼓励有条件的私营企业建立现代企业制度。九是扩大金融业对内对外开放，在加强监管前提下，允许具备条件的民间资本依法发起设立中小型银行等金融机构。十是健全技术创新市场导向机制，激发中小企业创新活力，改善科技型中小企业融资条件。十一是鼓励非公有制文化企业发展，降低社会资本进入门槛，允许参与对外出版、网络出版，允许以控股形式参与国有影视制作机构、文艺院团改制经营。支持各种形式小微文化企业发展。十二是鼓励社会力量、社会资本参与公共文化服务体系建设。

（新华社稿）

# 为什么要实行统一的市场准入制度？

《决定》**提出，要“实行统一的市场准入制度”**。这是建立公开透明的市场规则，营造各类企业平等竞争市场环境的重要任务。可从以下几个方面来理解。

**第一，市场准入制度必须体现统一性，对各类企业一视同仁。**市场准入制度是国家对市场主体资格的确立、审核、认可制定和实行的法律制度，是国家对市场经济活动基本的、初始的管理制度，主要内容是对进入市场的企业在注册资本、生产规模、技术水平、控制污染和卫生标准等方面规定相应的资格条件和取得资格的程序，并由国家相关部门实施审批手续和登记注册来执行。市场准入制度合理与否的一个重要标准就是统一性，即是否对各类企业一视同仁。因为，企业只有按照统一的资格条件进入市场，才有可能使经济运行的微观主体遵循普遍性的行为规范，为市场体系的统一性奠定坚实基础；才有可能对各种市场信号作出正常反应，不断加强经营管理，调整产品结构，提高经济效益；也才有可能自觉应对市场变化，积极参与市场竞争，优胜劣汰，实现资源优化配置。

**第二，我国建立统一的市场准入制度还存在一些亟待解决的突出问题。**当前，我国市场准入制度缺乏统一性的一个重要表现是，实行以正面清单为基础、以行政许可为主导的市场准入制度。即把允许进入的领域都列在清单上面，没有列入清单的领域或项目，则不允许进入。而对允许进入的领域，还要通过行政许可确认准入企业。我国市场准入制度统一性不足的另一个重要表现是，民间资本进入金融、石油、电力、铁路、电信、资源开发、公用事业等领域存在隐形市场准入障碍。近年来国家已经出台了一系列放宽民间投资市场准入的政策，但政策的原则性、导向性大于可操作性，民间投资进入上述行业仍面临种种隐形障碍。一是政策执行中的附加条款。在政策执行中，一些地方和部门以结合实际情况为名增加一些限制性条款。二是准入审批中的“潜规则”。我国市场准入程序较为复杂，法定行政审批涉及多个部门，部门审批又都有内部规则，垄断性行业审批还有特殊规则，操作过程也不透明，使主管部门在审批中往往对不同性质、不同归属的企业实行不同尺度和标准，造成民间资本在市场准入中不得不付出额外成本。三是体制壁垒。一些垄断性行业体制改革滞后，政企不分，主管部门能够利用行政权力维护所属企业利益，通过经营条件、结算办法等方面的规定，阻碍民间投资进入。

**第三，贯彻《决定》精神，实行统一的市场准入制度**。要制定负面清单，在此基础上，各类市场主体可依法平等进入清单之外领域（非禁即入）。切实推进配套改革和制度创新，克服隐形的准入障碍，构建公平的市场准入环境。要探索对外商投资实行准入前国民待遇加负面清单的管理模式。所谓准入前国民待遇，是指在企业设立、取得、扩大等阶段给予外国投资者及其投资不低于本国投资者及其投资的待遇。要推进工商注册便利化，削减资质认定项目，由先证后照改为先照后证，把注册资本实缴登记制逐步改为认缴登记制。推进国内贸易流通体制改革，建设法治化营商环境。

（新华社稿）

# 为什么要实行统一的市场监管？

**《决定》指出，要改革市场监管体系，“实行统一的市场监管”**。对此，可从以下几个方面来把握。

**第一，市场监管的功能和目的，要求实行统一监管**。市场监管是指监管主体依据法律法规对各类市场主体准入和准入后行为进行的规范、约束等监管活动，是维护市场经济秩序的必然要求。市场监管包括严格市场主体准入和规范市场主体行为两个方面。严格市场准入是从审核登记开始的，它要求由统一的机构依据统一的准入管理制度展开，禁止不合理的投资和非法经营活动，监督检查违法登记进行经营的行为。市场准入确立后进行的市场监管，属市场行为的监管，是对一些经营者在取得准入资格后违反统一的市场竞争规则、扰乱市场经济秩序、损害消费者和其他经营者合法权益的行为，依据统一的监管规则进行的监管。显然，无论是严格市场准入还是监管市场行为，都要从全国市场体系建设和监管的整体要求出发，研究其成因和对策，都必须依据统一的监管制度，通过统一的监管部门来进行。

**第二，我国市场建设和市场监管机制存在的问题，要求实行统一的市场监管**。我国社会主义市场经济体制已经建立并不断完善，但市场经济运行中仍然存在着行业垄断、地方保护、信用体系不健全、秩序比较混乱、监管体制效率不高等突出问题。一是公开、统一、平等竞争的市场环境尚未形成。主要是存在地方保护和行业壁垒，影响统一市场建立和公平竞争。二是目前还没有在全国范围内真正建立起统一的竞争规则和良好的竞争秩序，假冒伪劣产品、毁约违约等问题屡禁不止。三是我国的市场监管体制不完善，给假冒伪劣商品以可乘之机。我国市场监管体制的缺陷主要表现在 3 个方面：实行分段监管模式，难以形成全程监管合力；质量检测标准和检测技术落后，难以适应市场要求；监管主体问责机制不完善，难以发挥法律法规应有效力。以上情况告诉我们，要克服我国市场建设和市场监管体制存在的问题，完善统一开放竞争有序的市场体系，就必须实行统一的市场监管。

**第三，落实《决定》精神，采取有效措施推进市场监管体系改革，实行统一的市场监管**。要清理和废除妨碍全国统一市场和公平竞争的各种规定和做法，严禁和惩处违法实行优惠政策的行为，反对地方保护，反对垄断和不正当竞争。建立健全社会征信体系，褒扬诚信，惩戒失信。健全优胜劣汰市场化退出机制，完善企业破产制度。同时，要贯彻落实市场监管部门整合调整方案，强化行政执法职能，实行统一的市场监管模式，消除监管死角，创造健康有序、充满活力的市场环境，为人民群众提供便利、高效和高质量的公共服务。

（新华社稿）

# 为什么要推进水、石油、天然气、电力、交通、电信等领域价格改革？

《决定》**提出，要“推进水、石油、天然气、电力、交通、电信等领域价格改革”**。这是完善资源性产品、公共产品价格形成机制，使市场在资源配置中起决定性作用的必然要求。可从以下几个方面来理解。

**第一，我国资源性产品定价机制市场化程度低，影响资源优化配置**。经过35年的改革开放，我国社会主义市场经济体制已经初步建立并不断完善。总体上看，一般商品已经建立起市场决定价格的机制，相比较而言，水、石油、天然气、电力等资源性产品价格形成机制的市场化程度仍然偏低，行政干预较多。一是在资源取得方面，无偿占有和垄断性开发并存。我国很多资源通过行政手段划拨或近乎无偿开采，导致资源低价出售，严重偏离正常的市场价格。二是在资源税方面，范围窄和税负轻并存。目前只有原油、天然气资源税实现从价计征（煤、金属矿、非金属矿等尚未纳入），且税负较轻，难以对合理开采资源发挥调节作用。三是在资源价格体系方面，多种定价方式并存。如我国煤炭价格基本由市场决定，而电力价格由政府决定，煤电价格双轨制导致电企亏损严重。

**第二，我国资源性产品定价机制与生态文明建设的要求不适应，影响经济发展方式转变**。当前，我国生态环境形势严峻，主要污染物排放总量大大超过环境容量，人民群众特别是环境恶化地区的群众要求改善生态环境的呼声越来越高。这是我国高消耗、高排放、低效率的粗放型经济发展方式尚未实现根本转变，经济发展与能源资源、生态环境的矛盾日趋加剧的必然结果。其重要原因之一，是资源性产品价格形成机制不合理，不能充分反映资源稀缺程度、市场供求关系和环境损害成本。要从根本上解决问题，必须加快水、石油、天然气、电力、矿产等资源性产品价格改革，形成相对合理的资源性产品与制成品比价关系，真正体现资源要素禀赋及所有者权益，合理补偿环境损害成本，从制度上理顺资源分配关系。

**第三，我国公共产品定价机制不完善，难以适应消费需求和市场拓展**。目前，我国交通、电信等公共产品和服务价格主要由政府制定和调整，一般都采用成本加成定价法。由于缺乏竞争激励和财务约束，相关企业一般会主动报高生产成本，而价格主管部门很难辨别企业上报成本的真实性，往往会形成“提高成本—企业亏损—提高价格—提高成本”的恶性循环，既不利于企业加强管理，也不能满足消费需求。

**第四，贯彻《决定》精神，加快推进水、石油、天然气、电力、交通、电信等领域价格改革**。要完善资源性产品定价机制，建立资源开发生态环境损害补偿制度，理顺资源性产品上下游价格调整联动机制，推进大用户直购电和售电侧电力体制改革试点，健全煤电价格联动机制和水电、核电上网价格形成机制，推动水权制度改革和水权交易市场建设，深化成品油、天然气价格市场化改革。稳步推进交通、电信等公共产品和服务价格改革，放开竞争性环节价格，政府定价范围主要限定在重要公用事业、公益性服务、网络型自然垄断环节，提高透明度，接受社会监督。

（新华社稿）

# 为什么要建立城乡统一的建设用地市场？

**《决定》指出，要“建立城乡统一的建设用地市场”**。这是完善要素市场，推进土地制度改革，健全城乡发展一体化体制机制的必然要求。

**第一，建立城乡统一的建设用地市场，有利于健全要素市场，加快完善现代市场体系**。要素市场是现代市场体系的重要组成部分，土地市场是要素市场的重要构成。总体上看，我国土地要素市场还不完善，城乡之间发展不平衡、不统一，特别是农村集体建设用地基本被排斥在土地市场之外。建立城乡统一的建设用地市场，改革农村集体建设用地使用制度，可以推动农村经营性集体建设用地在符合规划的前提下进入市场，极大地推进要素市场发展，完善土地价格形成机制，促进现代市场体系建设。

**第二，建立城乡统一的建设用地市场，有利于盘活农村集体建设用地，提高土地利用效率**。近年来，进城务工的农民中有许多人在城市购置了房产，并长期定居城市，而在农村，他们还保留着承包地和宅基地。依照现行土地财产制度，这些土地既不能上市流通，也不能另作他用，造成了资源极大浪费。通过建立城乡统一的建设用地市场，可以把低效、闲置的农村集体建设用地投放到全国土地市场上去，用于城乡建设，从而盘活闲置的农村集体建设用地，提高土地利用效率。

**第三，建立城乡统一的建设用地市场，有利于缩小城乡差距**。自推行国有土地使用制度市场化改革以来，国有建设用地逐步形成了以招、拍、挂为主的出让方式，极大地促进了土地市场特别是建设用地市场发展。而集体建设用地市场受各方面条件的限制发育较慢，使农村土地的经济价值难以得到充分实现。随着工业化、城镇化和新农村建设的推进，经济社会发展对非农建设用地需求不断扩大，农村土地尤其是城市郊区农地的价值日益提升，农地流转的隐形市场普遍存在。建立城乡统一的建设用地市场，可以规范和高效利用农村集体土地，促进土地资源在城乡之间合理配置，增加农民和农村集体经济组织收入，缩小城乡经济发展差距，构建城乡协调发展体制机制。

**第四，建立城乡统一的建设用地市场，有利于缓解城市建设用地供应紧张局面，促进房地产价格逐步回归**。在城镇化进程中，城市建设用地供应越来越紧张，房地产价格不断攀升。建立城乡统一的建设用地市场，把符合要求的农村集体建设用地通过统一的土地市场规范转变为城市建设用地，可在很大程度上改变城市建设用地供应紧张局面，助推房地产价格逐步趋于理性。

**第五，贯彻《决定》精神，加快建立城乡统一的建设用地市场**。在符合规划和用途管制前提下，允许农村集体经营性建设用地出让、租赁、入股，实行与国有土地同等入市、同权同价。缩小征地范围，规范征地程序，完善对被征地农民合理、规范、多元保障机制。扩大国有土地有偿使用范围，减少非公益性用地划拨。建立兼顾国家、集体、个人的土地增值收益分配机制，合理提高个人收益。完善土地租赁、转让、抵押二级市场。

（新华社稿）

# 为什么允许具备条件的民间资本依法发起设立中小型银行等金融机构?

《决定》指出:“**在加强监管前提下,允许具备条件的民间资本依法发起设立中小型银行等金融机构**”。所谓中小型银行,是指在一定的区域范围内,按照市场化原则自主设立、独立运营,资产规模不大,主要服务于小微企业和居民家庭的地方性商业银行。所谓具备条件,主要是指发起设立银行的出资人应当拥有充足的资金实力和胜任银行业务的管理团队。允许具备条件的民间资本依法发起设立中小型银行等金融机构,是促进金融业对内对外开放,完善金融体系的重大举措。

**第一,允许具备条件的民间资本依法发起设立中小型银行等金融机构,可以扩大民间资本投资渠道,有效解决小微企业融资难的问题**。几年前,国家已出台政策,允许民间资本投资建立小型金融机构,但必须和现有银行共同发起。《决定》提出的措施,突破了原有规定,使民间资本可以单独发起设立中小型银行等金融机构,并主导业务运营,这就大大提高了民间资本投资银行业的积极性,对于扩大民间资本投资渠道,将起到积极推动作用。中小型银行等金融机构的服务对象定位于较小区域如城乡社区和小微企业,范围小,能够全面了解服务对象资信情况,较好解决信息不对称问题,有利于降低小微企业贷款利率,减轻贷款担保和抵押品要求,缓和利率波动对小微企业贷款利率的影响等,从而有效改善小微企业融资环境。

**第二,允许具备条件的民间资本依法发起设立中小型银行等金融**

**机构，可以有效提高居民消费水平**。居民消费信贷具有金额小、笔次多、受众广的特点，大银行要达到规模效益点，只能提供少量标准化信贷产品，实行面向大众的无差异营销，并且往往设定了严格的抵押担保条件，这不仅难以满足千差万别的居民个性化消费信贷需求，也在无形中抬高了居民消费信贷的“门槛”。而发展与当地居民近距离接触的中小型银行等金融机构，不仅能够比大银行更好地满足居民个性化消费信贷需求，还能引导城乡社区居民形成新的消费热点。

**第三，允许具备条件的民间资本依法发起设立中小型银行等金融机构，可以促进我国金融体系不断完善**。一是发展中小型银行等金融机构，可以保持和扩大国内银行的市场份额，减轻外资银行给国内银行带来的直接压力；同时，有利于提高银行体系的竞争力和服务效率，改善地区、社区金融运营环境。二是发展中小型银行等金融机构，有助于降低金融市场风险，维护银行体系和实体经济的稳定。由于中小型银行等金融机构采取特殊的经营策略、市场定位、运营规则，有效分隔了市场，从而既减少了单一产品市场的恶性竞争，又能降低金融风险。三是发展中小型银行等金融机构，能够提高我国金融服务水平。中小型银行面对的是相对较小的区域或社区，金融服务具有明显的地域特征，消费信贷可能会成为主要贷款形式，对客户的服务也会较大型商业银行更为全面和更具个性化。

**第四，贯彻《决定》精神，推进具备条件的民间资本依法发起设立中小型银行等金融机构，完善金融组织体系**。一是制定相关政策，降低民间资本进入金融服务等领域门槛，同时，推进配套改革和制度创新，克服隐形的准入障碍，构建公平的市场准入环境。二是在完善相关支持政策，落实监管措施和稳健标准，建立存款保险制度的基础上，允许民间资本依法发起设立立足当地、立足基层，主要支持小微企业发展和服务群众的地区银行、社区银行等中小型银行。三是积极发展新型农村金融机构，支持民间资本参与设立村镇银行，规范发展农村合作金融和贷款公司等。加快形成竞争充分、服务优良、成本低廉、风险可控，服务小微企业、社区群众和“三农”的金融组织体系。

（新华社稿）

# 为什么要建立存款保险制度？

**《决定》指出，要“建立存款保险制度”**。这是加强金融监管、完善金融机构市场化退出机制、防范金融风险的重要举措。存款保险制度是一种金融保障制度，是指由符合条件的各类存款性金融机构集中起来建立一个保险机构，各存款机构作为投保人按一定存款比例向其缴纳保险费，建立存款保险准备金，当成员机构发生经营危机或面临破产倒闭时，存款保险机构向其提供财务救助或直接向存款人支付部分或全部存款，从而保护存款人利益，维护银行信用，稳定金融秩序的一种制度。

长期以来，我国虽然没有建立显性的存款保险制度，但政府一直以来都在实行“隐性的存款保险制度”，无论是剥离商业银行不良贷款还是向银行注资，任何金融机构出现风险，最终都由政府来“埋单”，中央银行和地方政府承担退出机构的债务清偿。这种隐性存款保险制度的最大缺陷是，隔断了金融机构资金运用收益和资金筹集成本之间的制衡关系，蕴含着金融风险和财政风险。在我国深入推进经济体制、金融体制改革过程中，建立存款保险制度是十分必要的。

**第一，推进金融开放和竞争，需要建立存款保险制度**。我国早已加入世界贸易组织，国内金融市场的开放度不断提高，与国际金融市场日益融合。在同国外金融机构竞争中，我国金融机构可能发生破产倒闭事件。目前我国股市低迷，部分城市房价下跌，一些中小企业经营困难，这些都可能引发商业银行等金融机构不良资产反弹。因此，建立存款保险制度，维护金融市场和信用制度稳定，已成为亟待解决的问题。

**第二，保护存款人利益，提高社会公众对银行体系的信心，需要建立存款保险制度**。在建立了存款保险制度的条件下，当银行出现资金周转不灵或破产倒闭而不能支付存款人存款时，可按照保险合同规定从存款保险机构获取赔偿或取得资金援助，或被接收、兼并，存款人的存款损失能降低到最小程度。

**第三，提高金融体系稳定性，维持正常金融秩序，需要建立存款保险制度**。由于存款保险机构负有对问题银行保证支付的责任，它必然会对投保银行的日常经营活动进行一定的监督、管理，从中发现隐患所在，及时提出建议和警告，以确保各银行稳健经营。这就增加了一道金融安全网，有利于提高金融运行的稳定性。

**第四，促进银行业适度竞争，为公众提供质优价廉的金融服务，需要建立存款保险制度**。大银行由于规模大、实力强，往往在吸收存款方面处于优势，而中小银行则处于劣势，这就容易形成大银行垄断经营的局面。存款保险制度是保护中小银行、促进公平竞争的有效方法之一。它可使存款者形成一种共识，无论把存款存入大银行还是小银行，所得到的制度保护都是相同的。这样，提供服务的优劣就会成为客户选择存款银行的主要因素，从而使银行业竞争保持适度和公平。

**第五，防止银行业风险扩散，需要建立存款保险制度**。银行体系运行的不确定性会导致挤兑现象同时在“好”银行和“坏”银行发生。由于金融机构间存在密切而复杂的债权债务联系，一旦某个机构的金融资产发生贬值以致不能保证正常的流动性头寸，则单个或局部的金融风险就可能演变成全局性、系统性金融危机。存款保险制度能够为存款人提供心理上和实际上的保障，有效抑制、避免银行挤兑现象和由此引发的金融恐慌。

**第六，贯彻《决定》精神，建立存款保险制度**。要从我国金融业发展实际出发，合理借鉴国际经验，积极建立存款保险制度。实行强制性存款保险，使之覆盖所有存款类金融机构。实行限额赔付，规定限额内全额赔付，超出部分仍有权从该机构清算资产中得到追偿。实行风险差别费率，以起到正向激励和辅助监管的作用。存款保险基金可主要从投保金融机构缴纳的存款保险费获取。

（新华社稿）

# 为什么要建立主要由市场决定技术创新项目和经费分配、评价成果的机制？

《决定》**提出，要"建立主要由市场决定技术创新项目和经费分配、评价成果的机制"**。这是深化科技体制改革，进一步推动科技与经济紧密结合的重大举措。可从以下几个方面来理解。

**第一，建立主要由市场决定技术创新和经费分配、评价成果的机制，是发挥市场对各类创新要素配置导向作用的必然要求**。在现代市场经济条件下，市场是配置各类经济技术资源的决定性环节。技术创新项目和经费分配、评价成果的过程本质上就是科技资源配置的过程，市场利益的直接刺激，市场价格、供求信息的直接引导必然决定其向研发效率最高、研发成本最低、研发效益最好、成果转化最快的领域、环节、团队流动和配置，从而促进技术创新更好地与经济相结合。市场对技术创新项目和经费分配、评价成果的决定作用主要表现在以下几个方面：一是市场化利益实现机制引导高素质研发人员和团队向能发挥创造性潜能的项目集中，推动研发工作在充分实现研发人员自身价值的同时不断取得实质性进展，创造出更多成果。二是市场化需求导向机制引导技术研发经费向高效益的研发项目和环节配置，为科技财力要素与创新主体相结合提供商业模式，促进研发经费流向产出效益高的研发平台，提升使用绩效。三是市场化物力支撑机制推动科技物力资源要素与项目高效对接，为科技物力资源要素提供良好使用条件和环境，提高流动性与共享性，减少重复购置等浪费现象，促进科技经费节约和使用效率提高。四是市场化科技信息传递机制和成果评价交易机制为成果转移提供交易平台，促进创新成果向现实生产力转化。

**第二，我国技术创新项目和经费分配、评价成果存在的主要问题都与市场作用发挥不充分有关**。一是技术创新项目和经费分配过度行政化。相关行政机构掌握着大量科技资源，而且把科技项目管理的工作重点放在经费分配、项目具体运作、费用开销控制等方面，对技术创新目标和战略重点的市场导向把握不够，也不善于运用市场化激励手段提高创新效果。二是技术创新项目和经费分配偏重供给导向。政府科技管理和资源调配的主要方式是制定实施向企业和科研机构提供公共资金资助的政策，这些政策大多集中在激励技术研发、推动技术基础设施建设等供给方面，而在支持创新技术和产品开拓市场、培育商业模式方面的政策则明显不足。三是技术创新成果评价存在主观随意性。对研发成果进行科学、客观的评价，是推进技术创新成果向现实生产力转化的前提条件。但目前我国对技术创新成果的评价主要是定性评价，缺乏综合、定量的评价指标体系，存在重论文、重职称、重评奖而轻产业化和市场化现象，主观随意性大，难以准确、系统反映技术创新成果的客观性实用性，是造成技术创新成果转化率较低的重要原因。

**第三，贯彻《决定》精神，建立主要由市场决定技术创新项目和经费分配、评价成果的机制**。深化科技体制改革，建立健全创新资源科学化管理和高效利用机制。改革技术创新项目运作和经费分配方式，打破行政主导和部门分割，除少数关系国家安全、国计民生的重大项目外，其他项目主要发挥市场机制作用，政府实行间接管理，建立技术创新项目决策、执行、评价相对分开、互相监督的运行机制和严格的项目验收标准。健全技术创新成果审核评价办法，构建导向明确、有效激励的评价体系，建立以创新进度、创新质量、产业化发展实绩为主要内容的评估机制，促进技术研发持续推进和创新成果向现实生产力转化。

（新华社稿）

# 如何理解完善宏观调控体系？

**《决定》指出，科学的宏观调控，有效的政府治理，是发挥社会主义市场经济体制优势的内在要求**。完善宏观调控体系是完成宏观调控任务的客观需要，是完善社会主义市场经济体制的重要内容，也是实现全面建成小康社会宏伟目标的重要制度性保障。

**完善宏观调控体系是完善社会主义市场经济体制的题中应有之义**。党的十四大提出了我国经济体制改革的目标是建立社会主义市场经济体制，提出要使市场在国家宏观调控下对资源配置起基础性作用。党的十四届三中全会提出，建立健全宏观调控体系是社会主义市场经济体制框架的5大支柱之一。经过10年的改革实践，社会主义市场经济体制初步建立，党的十六届三中全会通过的《中共中央关于完善社会主义市场经济体制若干问题的决定》，明确提出要更大程度发挥市场在资源配置中的基础性作用，健全宏观调控体系。党的十八大提出加快完善社会主义市场经济体制，重要任务之一就是完善宏观调控体系。可见，社会主义市场经济包括了发挥市场作用和国家宏观调控两个不可分割的方面。完善社会主义市场经济体制，核心问题是处理好政府与市场、宏观调控与市场调节的关系，既要更加尊重市场规律，使市场在资源配置中起决定性作用，又要更好发挥政府宏观调控作用，有效弥补市场失灵。

**完善宏观调控体系也是为了适应国内外环境变化提出的更高要求**。从国内看，经济社会发展中不平衡、不协调、不可持续的矛盾突出，转变经济发展方式、优化经济结构的任务艰巨；传统产业优化升级面临成本上升、产能过剩和资源环境的制约，战略性新兴产业培育壮大受到人才、技术、创新能力的制约，创新驱动能力不强，现代服务业发展滞后；市场体系尚不健全，微观主体行为不规范，公平竞争的政策环境有待进一步改善；人口老龄化进程加快，发展的人口红利正在消失。从国际环境看，受国际金融危机影响，世界经济政治格局处于深度调整之中，需求低迷的状况可能长期存在，技术大变革和新的产业仍在孕育中，主要经济体主权债务问题积重难返，投资贸易保护主义趋势强化；发达国家重新重视实体经济，实施制造业回归，市场、能源资源的争夺和气候环境等方面的斗争更加激烈，影响国内发展的不稳定不确定因素增多。面对国内外环境的新变化新矛盾，必须进一步完善宏观调控体系，不断提高宏观调控水平，才能促进经济持续健康发展。

经过多年实践，社会主义市场经济条件下的宏观调控体系初步建立，但与发展的要求相比还存在一些亟待完善的问题。在宏观调控目标方面，宏观目标与微观指标界限及关系不够清晰，微观指标较多，体现发展质量和效益、人民生活改善、生态建设的指标不足，不同领域指标之间、区域目标和全国目标不够衔接；在宏观调控的手段上，市场化工具不完善，行政手段使用仍然较多，政策之间效应相互抵消或负面效应叠加时有发生；在决策支撑方面，统计指标不完善，政策研究不够系统，智库作用发挥不够，社会参与度有待提高；在宏观调控机制方面，决策机制、实施机制不足，政策传导机制不畅，统筹协调作用有待加强。必须紧紧围绕使市场在资源配置中起决定性作用，加强和改善宏观调控，有效解决这些问题。

**第一，按照宏观调控的主要任务，完善宏观调控目标体系。**根据保持经济总量平衡、促进重大经济结构协调和生产力布局优化，减缓经济周期波动影响，防范区域性、系统性风险，稳定市场预期，实现经济持续健康发展的要求，健全涵盖关键领域、重点突出、相互衔接、导向明确的宏观调控目标体系。

**第二，健全以国家发展战略和规划为导向、以财政政策和货币政策为主要手段的宏观调控体系**。要发挥财政政策在促进经济增长、优化结构、调节收入方面的重要功能，发挥货币政策在保持币值稳定和总量平衡方面的重要功能。加强财政政策、货币政策与产业、价格等政策手段协调配合。同时，还要发挥投资、消费、外资外贸、市场准入、土地、区域政策、节能环保等政策工具的支撑作用。

**第三，推进宏观调控目标制定和政策手段运用机制化**。包括：建立健全宏观经济形势分析研判机制和监测预测预警信息会商机制；建立健全重大问题研究和政策储备工作机制；建立健全社会听证、信息公开、公众参与、专家咨询等民主决策机制；建立健全政策评估和调整机制，提高相机抉择水平；推进宏观调控政策统筹协调机制建设，增强宏观政策调控前瞻性、针对性、协同性。

**第四，形成参与国际宏观经济政策协调的机制，推动国际经济治理结构完善**。密切跟踪国际经济形势和主要经济体宏观经济政策变化，主动加强与主要经济体的政策协调和沟通，更加积极参与多双边国际经济合作，提升国际话语权，促进国际经济秩序更加公正合理，营造有利于国内发展的制度环境。

（新华社稿）

## 如何深化投资体制改革？

投资管理是配置资源的重要手段。《决定》**指出，深化投资体制改革，确立企业投资主体地位**。改革的目的就是大幅度减少政府对资源的直接配置，把应该由企业决策的交还给企业，把该由市场决定的事交还给市场，推动资源配置依据市场规则、市场价格、市场竞争实现效益最大化和效率最优化。

投资体制改革一直伴随着从计划经济向社会主义市场经济的转变。这次投资体制改革是在 2005 年投资体制改革基础上的进一步深化。2004 年，国务院根据党的十六届三中全会《中共中央关于完善社会主义市场经济体制若干问题的决定》提出的深化投资体制改革的任务，出台了投资体制改革决定。改革的核心内容是，改革政府对企业投资的管理制度，实行谁投资、谁决策、谁受益、谁承担风险，确立企业投资主体地位，减少政府的干预。对企业不使用政府资金的投资项目，政府仅对重大项目和限制类项目是否关系经济安全、影响资源环境、涉及整体布局等公共性问题进行核准，其他项目无论规模大小，均由审批制改为登记备案制，项目的市场前景、经济效益、资金来源和产品技术方案等均由企业自主决策、自担风险，并依法办理城市规划、土地使用、环境保护、资源利用、安全生产等许可手续和减免税确认手续。对政府核准的范围严格限定，目录由国务院投资主管部门会同有关部门确定后，由国务院批准公布。同时扩大大型企业集团的投资决策权。

随着社会主义市场经济体制的不断完善，市场在资源配置中的基础性作用明显增强，已上升为决定性作用，企业作为市场主体日益成熟，现有的投资管理体制暴露出政府对企业的投资活动干预过多的弊端，影响了企业投资活动的效率和效益最大化，必须进一步改革。**《决定》进一步提出，企业投资项目，除关系国家安全和生态安全、涉及全国重大生产力布局、战略性资源开发和重大公共利益等项目外，一律由企业依法依规自主决策，政府不再审批**。这就是说，要按照谁投资、谁决策、谁受益、谁承担风险的原则，最大限度地缩小政府审批、核准、备案的范围，修订政府核准投资项目目录。对确需核准、备案的项目，要大大简化程序，同时明确规定限时办结提高效率，为企业服好务。

深化投资体制改革，有利于解决经济生活中的突出问题。当前经济发展中产能严重过剩的突出矛盾，暴露出现行投资体制不适应市场经济发展的弊端。一般讲，在市场经济条件下供给大于需求是市场竞争机制发挥作用的前提。但当产能严重超过有效需求时，就会造成社会资源的巨大浪费。以往，我们解决这类问题的主要措施，就是上收产能过剩行业项目审批权，政府通过严格审批或停止审批来控制产能过剩行业新上项目，从现实情况看，这种办法已经不适应市场经济要求。**《决定》提出，要强化节能节地节水、环境、技术、安全等市场准入标准，建立健全防范和化解产能过剩长效机制**。这就意味着，解决产能过剩的问题，不能再靠政府审批，而要通过市场优胜劣汰淘汰落后生产能力，通过扩大市场需求吸纳一部分生产能力。政府的责任是要完善准入制度，抬高市场准入门槛，避免企业盲目投资，造成低水平重复建设，浪费社会资源。

（新华社稿）

# 如何全面正确履行政府职能？

《决定》**提出，全面正确履行政府职能**。这是完善社会主义市场经济体制，处理好政府和市场关系，使市场在资源配置中起决定性作用，更好发挥政府作用的关键环节。

在社会主义市场经济体制的框架中，企业制度、市场机制和政府管理体制是最重要的 3 个支柱。从目前看，企业改革、市场建设和政府管理体制都取得了重大进展，相比之下，政府职能的转变滞后于企业改革和市场体系建设，存在着明显的不适应。主要表现在，第一，职能转变不到位，越位、缺位、错位同时存在。政府在经济调节中对微观干预较多，有效宏观调节偏少；直接调控的行政手段较多，利用经济手段、法律手段的间接调节较少；事前审批过多，事中事后监管较少。第二，审批事项过多，效率低下，审批过程不透明，缺乏约束监督。第三，为企业创造竞争有序的市场秩序和政策环境不到位。第四，有法不依、执法不严现象普遍，缺乏问责机制。上述问题，显然不能适应加快完善社会主义市场经济体制的要求，不能适应工业化、信息化、城镇化、市场化、国际化发展新趋势的要求，不能适应复杂多变的国际环境，更不能适应全面建成小康社会的要求。《决定》提出全面正确履行政府职能，就是要解决政府在履责中的越位、缺位与错位问题。

政府怎样做才是全面正确履行职能？《决定》作出了明确回答，政府的职责和作用主要是保持宏观经济稳定，加强和优化公共服务，保障公平竞争，加强市场监管，维护市场秩序，推动可持续发展，促进共同富裕，弥补市场失灵。政府要做到全面正确履行职能，需要按照以上要求在以下几方面加大改革力度。

**第一，进一步简政放权，解决越位问题**。要坚持市场化的改革方向，深化行政审批制度改革，大幅度减少政府审批事项，市场机制能够有效调节的经济活动，一律取消审批。通过改革，最大限度减少中央政府对微观事务的管理，大幅度减少各级政府对资源的直接配置，把应该由企业决策的交还给企业，把该由市场决定的事交还给市场，推动资源配置依据市场规则、市场价格、市场竞争实现效益最大化和效率最优化。

**第二，加强有效治理，解决在履责方面缺位问题**。要加强发展战略、规划、政策、标准等制定和实施，加强市场活动监管，加强各类公共服务提供，实行政府有效的治理，在促进经济持续健康发展，创造公平竞争的市场环境，保持社会和谐稳定方面更好发挥政府作用。

**第三，合理划分中央和地方政府职能，解决错位问题**。《决定》提出，要加强中央政府宏观调控职责和能力，这是因为宏观调控具有全局性、战略性，中央政府在发展趋势研判，综合运用多种政策手段调控经济社会运行，统筹当前与长远、发展与改革、经济与社会、各区域发展等方面具有优势。《决定》提出要加强地方政府公共服务、市场监管、社会管理、环境保护等职责；直接面向基层、量大面广、由地方管理更方便有效的经济社会事项，一律下放地方和基层管理。主要考虑这些职责有利于发挥地方政府贴近基层、就近管理的优势。

**第四，创新政府管理方式，解决政府管理效能不高问题**。政府的重要职能就是提供服务，多年来政府提供服务形式单一，缺乏竞争，提供服务的机构养很多闲人，服务水平和质量亟待提高。《决定》提出，推广政府购买服务，凡属事务性管理服务，原则上都要引入竞争机制，通过合同、委托等方式向社会购买。在政府履责中尊重市场规律、引入竞争方式，办事不养人，以提高政府服务的能力和水平，是政府全面正确履责、加快建设服务型政府的重大创新。

（新华社稿）

## 如何优化政府组织结构？

**《决定》提出，转变政府职能必须深化机构改革**。这是使市场在资源配置中起决定性作用的重要保障。必须把优化政府组织结构提到完善社会主义市场经济体制的高度统一认识，以职能转变为核心，继续简政放权、推进机构改革、完善制度机制、提高行政效能。

我国改革开放以来，政府机构改革进行了 7 次，都是随着经济体制改革的深化，围绕政府职能转变精简机构。

第一次，改革开放初期的 1981 年，国务院的工作部门有 100 个，达到新中国成立以来最高峰。改革开放的新形势迫切要求政府机构改革，1982 年五届全国人大常委会第二十二次会议通过了机构改革方案，明确了各级各部门的职数、年龄和文化结构，减少了副职，提高了素质，国务院部门从 100 个减少到 61 个，人员编制从 5. 1 万人减少到 3 万人。

第二次，1988 年 4 月，七届全国人大一次会议通过了机构改革方案，启动新一轮改革，着重大力推进政府经济管理部门要从直接管理为主转变为间接管理为主，强化宏观管理职能，弱化微观管理职能，改变工作方式，提高行政效率，完善运行机制，加速行政立法。国务院部委由原来的 45 个减为 41 个，直属机构从 22 个减为 19 个，非常设机构从 75 个减到 44 个，66 个部委局编制减少 9700 人。

第三次，1993 年 3 月，八届全国人大一次会议通过的改革方案，国务院组成部门、直属机构从 86 个减少到 59 个，人员减少 20%。4

月将直属机构由 19 个减少到 13 个，办事机构由 9 个减到 5 个。国务院不再设归口管理的国家局。设立国务院台办和新闻办。

第四次，1998 年，九届全国人大一次会议通过的改革方案，目的是建立办事高效、运转协调、行为规范的政府行政管理体系，完善国家公务员制度，建立高素质的专业化行政管理队伍，逐步建立适应社会主义市场经济的中国特色的政府行政管理体制。国务院不再保留 15 个部委，新组建 4 个部委，更名 3 个部委。国务院组成部门由 40 个减少到 29 个。

第五次，2003 年，十届全国人大一次会议通过的改革方案，强调决策、执行、监督三权相协调，国务院组成部门由 29 个减到 28 个，不再保留经贸委、外经贸部，职能并入商务部。设立了国资委，推动国企改革和重组。设立了银监会，加强金融监管。

第六次，2008 年，十一届全国人大一次会议通过的改革方案，称为大部制改革，涉及调整变动的机构 15 个，正部级机构减少 4 个。

第七次，2013 年，十二届全国人大一次会议通过的机构改革方案，重点围绕转变职能、理顺职责关系，稳步推进大部制改革。改革后，国务院正部级机构减少 4 个，其中组成部门减少 2 个，除国务院办公厅外，国务院设置组成部门 25 个。

从历次改革的结果看，随着市场化改革的推进，政府职能在不断转变，政府机构数量在减少，结构也在优化。《决定》认真总结了以往改革的实践，按照完善社会主义市场经济体制的需要，进一步指出了政府优化组织结构的方向，即优化政府机构设置、职能配置、工作流程，完善决策权、执行权、监督权既相互制约又相互协调的行政运行机制。强调政府机构改革，要严格绩效管理，突出责任落实，确保权责一致。

与以往机构改革相比，《决定》还提出了以下新的要求。一是要统筹党政群机构改革，理顺部门职责关系。在优化政府机构改革的同时，也要统筹考虑党的机构、群众团体的机构设置的优化，使整个国家机构更加适应发展和体制完善的需要。二是优化行政区划设置，有条件的地方探索推进省直接管理县（市）体制改革。三是严格控制机构编制，严格按规定职数配备领导干部，减少机构数量和领导职数，严格控制财政供养人员总量。四是推进机构编制管理科学化、规范化、法制化。这是防止机构膨胀、职数超配、人员超编的制度保障。

（新华社稿）

# 如何加快事业单位分类改革？

事业单位是经济社会发展中提供公益服务的主要载体，是我国社会主义现代化建设的重要力量。**加快事业单位改革是政府转变职能、建设服务型政府的必然要求。《决定》提出的改革部署必将对加快事业单位改革起到重要的推动作用**。

改革开放特别是党的十六大以来，各地区各部门积极探索事业单位改革，不断创新事业单位体制机制，稳步推进教育、科技、文化、卫生等事业单位改革，取得了明显成效，积累了有益经验，为进一步推进改革奠定了基础。

面对全面建成小康社会的新形势新要求和人民群众改善生活的新期待，进一步深化事业单位改革的任务迫切而繁重。2012 年 4 月，党中央、国务院公布了关于分类推进事业单位改革指导意见，明确了改革的原则，提出了改革的总目标和阶段性目标，要求到 2020 年，建立起功能明确、治理完善、运行高效、监督有力的管理体制和运行机制，形成基本服务优先、供给水平适度、布局结构合理、服务公平公正的中国特色公益服务体系。5 年内，在清理规范基础上，完成事业单位分类、承担行政职能事业单位和从事生产经营活动事业单位的改革基本完成，从事公益服务事业单位在人事管理、收入分配、社会保险、财税政策和机构编制等方面改革取得明显进展，管办分离、完善治理结构等改革取得较大突破，社会力量兴办公益事业的制度环境进一步优化，为实现改革的总体目标奠定坚实基础。

事业单位的分类改革，是按社会功能将事业单位划分为3类：承担行政职能的，划归行政机构或转为行政机构；对从事生产经营活动的，逐步转为企业；对从事公益服务的，继续保留在事业单位序列、强化公益属性，其中，承担义务教育、基础性科研、公共文化、公共卫生及基层的基本医疗服务等基本公益服务，市场不能配置资源的，划分为公益一类，承担高等教育、非营利医疗等公益服务，可部分由市场配置资源的，划分为公益二类。改革涉及全国126万个机构，3000多万就业人员，900万名离退休人员，其中教育卫生和农村科技服务系统从业人员占3/4，教育系统达到一半。根据指导意见，事业单位改革从2011年起步，目前事业单位清理规范工作已基本就绪，分类改革进入实施阶段。

《决定》坚持事业单位改革的总体思路，在现有改革进展基础上，针对存在的突出问题，强调了加快事业单位改革的重点。一是针对一些事业单位功能定位不清，强调要加快推进事业单位分类改革；二是针对事业单位行政化倾向严重、政事不分、事企不分、机制不活，强调要推动公办事业单位与主管部门理顺关系和去行政化，创造条件，逐步取消学校、科研院所、医院等单位的行政级别；三是建立事业单位法人治理结构，推进有条件的事业单位转为企业或社会组织，积极探索政事分开、管办分开的多种有效实现形式，健全事业单位内部的决策、执行、监督机制；四是针对事业单位提供公共服务缺乏竞争，公益服务供求矛盾日益突出，供给方式单一，资源配置不合理，质量和效率不高的问题，强调要改革政府提供公共服务的方式，加大政府购买公共服务力度，使提供公共服务的事业单位有竞争，从而提高政府提供公共服务的质量和效率；五是建立各类事业单位统一登记管理制度，方便群众，改善服务，加强管理。

（新华社稿）

# 如何完善发展成果考核评价体系？

发展成果考核评价体系决定着各级政府的行为导向，对加快转变经济发展方式、推动结构调整、促进科学发展关系重大。**《决定》明确提出了完善发展成果考核评价体系的改革任务，表明我们党对发展的认识更全面、更深刻，增强了用制度建设促进经济社会可持续发展的自觉性，坚持用制度引导和保证宏观调控的有效性**。

我国正处于社会主义初级阶段，生产力不发达是这个阶段的基本特征。以经济建设为中心是党的基本路线的核心内容，发展是解决中国所有问题的关键。

进入新世纪新阶段，我国发展出现了一系列新的阶段性特征，对发展的理念、发展的方式提出了更高要求。我们党在认真总结实践的基础上形成了以人为本、全面协调可持续的科学发展观。党的十八大明确提出，我们已进入全面建成小康社会的决定性阶段，发展仍是解决我国所有问题的关键，坚持发展是硬道理的本质要求就是坚持科学发展，要适应国内环境的新变化，加快形成新的经济发展方式，把推动发展的立足点转到提高发展的质量和效益上来，并把“促进经济持续快速健康发展”调整为“促进经济持续健康发展”。

《决定》根据党的十八大全面建成小康社会的要求，认真分析总结推进科学发展中存在的问题，认为要把中央和地方抓发展的注意力转到更加注重人的发展、更加注重发展的质量效益和可持续上来，完善对发展成果的评价体系是一项基础性制度建设。**针对地区发展评价**

**按经济增长速度排名的普遍做法，《决定》明确提出，纠正单纯以经济增长速度评定政绩的偏向**。

《决定》按照全面建成小康社会的要求，提出要完善发展成果考核评价体系的重点。一是在考核体系中除经济增长指标外，要加大资源消耗、环境损害、生态效益、产能过剩、科技创新、安全生产、新增债务等指标的权重，以反映发展的速度与质量、效益和可持续性的统一。二是要突出以人为本，更加重视劳动就业、居民收入、社会保障、人民健康状况，切实把人民生活水平的提高和质量的改善作为政府工作的出发点和落脚点。三要加快建立国家统一的经济核算制度，推进统计制度和方法创新，完善国民经济核算制度方法，合理设立和调整统计指标体系，建立健全统计数据信息共享机制，为完善发展成果考核评价体系创造基础条件。四要编制全国和地方资产负债表，增强政府统计的系统性和规范性，全面真实客观反映经济社会发展实际。五要建立全社会房产、信用等基础数据统一平台，推进部门信息共享。加快推进住房信息系统建设，尽快实现全国联网。推动建立信用信息交换共享机制，逐步形成覆盖全部信用主体、所有信用信息类别、全国所有区域的统一的信用信息共享平台，实现资源共享。建立以公民身份号码为基础的公民统一社会信用代码制度、以组织机构代码为基础的法人和其他组织统一社会信用代码制度，出台并实施不动产统一登记制度，完善信息网络、金融账户等实名登记制度和现金管理制度。

（新华社稿）

# 为什么要改进预算管理制度？

**《决定》提出，要“改进预算管理制度”，并把它放在深化财税体制改革的首要位置，提出了明确要求**。预算管理制度，是国家以法令形式规定的有关预算收支管理方面的准则和规范，是保证国家预算正确编制和顺利执行以及监督检查预算执行情况的法律依据。

**第一，改进预算管理制度的必要性**。总体上看，我国预算管理制度是和经济社会发展相适应的。但是，随着社会主义市场经济的发展，经济规模的扩大，我国预算管理制度也暴露出不少问题，需要不断改进。主要表现：一是预算体系统一性不够强。目前，我国公共财政体系不健全，统一完整的国家预算体系尚未建立，各级政府预算外收支和体制外融资渠道也缺乏整体协调，不利于规范财政分配秩序。二是预算透明度不够高。公共财政是透明的财政，而目前包括财政政策、总预算分配、项目安排、预留资金和超收资金的使用、资金运行过程在内的公共财政诸多环节都还不够透明。实行收付实现制的财务报告制度也不利于及时发现财政风险。三是预算绩效保障机制不健全。长期实行事业发展经费投入与财政收支增幅或生产总值挂钩机制，固化了财政支出结构，不符合社会事业发展规律。政府间转移支付机制不顺，专项转移支付项目繁杂、资金分散、配套过多，影响政策目标实现与重大改革的实施效率，扭曲了资源配置，而且造成政府资金投入重复、低效和浪费。四是预算控制方式不合理。现在实行“年度平衡”管理，隐含着顺经济周期机理，不利于发挥政府宏观调控作用。当经济过热时，税收会随之大幅度增加，一些财税部门完成任务后该收不收，藏税于民，造成“热上加热”。当经济增长下行时，税收随之减少，一些地方会为完成任务而收“过头税”，进一步抑制社会总需求，有悖于依法治税，也干扰政府的逆周期调控。五是预算执行严肃性不够强。既有在预算执行中，由于项目论证不充分，一些项目还没执行就要调整的问题，也有在预算执行中反复追加的问题。六是预算监督不严格。挪用财政资金等违纪违法问题时有发生。由财政监督、审计监督和人大监督构成的综合监督体系亟待进一步完善。

**第二，贯彻《决定》精神，积极改进预算管理制度**。预算制度是现代国家财政管理制度的核心。编制和执行预算的过程，实质上是体现、落实党和国家方针政策的过程。要贯彻《决定》精神，推进预算管理制度改革，全面加强财政收支科学化精细化管理，实施全面规范、公开透明的预算制度。审核预算的重点由平衡状态、赤字规模向支出预算和政策拓展。清理规范重点支出同财政收支增幅或生产总值挂钩事项，一般不采取挂钩方式。建立跨年度预算平衡机制，建立权责发生制的政府综合财务报告制度，建立规范合理的中央和地方政府债务管理及风险预警机制。要完善一般性转移支付增长机制，重点增加对革命老区、民族地区、边疆地区、贫困地区的转移支付。中央出台增支政策形成的地方财力缺口，原则上通过一般性转移支付调节。清理、整合、规范专项转移支付项目，逐步取消竞争性领域专项和地方资金配套，严格控制引导类、救济类、应急类专项，对保留专项进行甄别，属地方事务的划入一般性转移支付。

（新华社稿）

# 为什么要建立规范合理的中央和地方政府债务管理及风险预警机制？

《决定》指出，要**“建立规范合理的中央和地方政府债务管理及风险预警机制”**。这是针对近两年来我国政府债务风险特别是地方政府债务风险随地方政府性投融资持续增长而不断累积的情况，作出的加强风险防范的重要举措，是改进政府预算管理的重要内容。

**第一，充分认识建立规范合理的中央和地方政府债务管理及风险预警机制的必要性**。政府性债务包括中央和地方政府债务，在支持经济社会发展、提高公共服务能力、改善民生以及应对国际金融危机冲击等方面发挥了积极作用。适度举债可有效拓宽融资渠道，满足经济社会发展的多元化资金需求。但随着政府融资规模不断扩大，近两年来我国政府性债务特别是地方政府性债务出现了超越自身财力举债，且责任不清晰、运作不规范等问题，形成一批新的风险点，必须引起高度重视。从中央债务看，2012 年底我国国债余额为 77565.7 亿元，占国内生产总值的 14.9％，远低于 60％这一国际公认的财政稳定临界点，安全度较高；但隐性债务包括中央政府负有担保责任或者是在出现违约情况下不得不使用财政资金进行最后“兜底”的各类债务，这几年仍逐步增加，并存在一定的风险，应高度关注。虽然地方政府性债务仍在可控范围之内，但风险也在不断累积。一是债务风险更加隐蔽。近两年，随着银行信贷的收紧和土地出让收入的减少，越来越多的地方政府开始通过银行表外业务、财务公司、信托公司、基金公司、金融租赁公司、保险公司甚至民间集资等“影子银行”渠道融资。与传统银行信贷融资方式相比，此类融资具有成本高、产品设计复杂、直接债权人分散、交易脱媒化等特点，风险隐蔽性较强。二是债务期限错配风险更为突出。为规避已出台的限制地方政府性融资的政策，越来越多的地方政府重新启用公司合作框架下的代建制，推动地方基础设施建设和公用事业发展。这在短期内可能弱化地方政府对累积债务压力的判断，但从长期看将加剧偿债能力与偿付义务之间的期限错配，增加风险，提高债务融资成本。三是化解债务风险的难度加大。近两年地方政府更多选择使用地方债、企业债、公司债、中期票据、短期融资券等直接融资方式进行融资。相比贷款展期、借新还旧等银行信贷违约化解方式，采用直接融资方式形成的地方政府债务，化解难度较大：一方面，当出现偿付危机时，面对众多的债券投资人，地方政府在短期内必须拿出巨额现金支付债务；另一方面，即使通过与众多债券持有人谈判达成债务重组方案，其风险化解成本也是很大的。

**第二，贯彻《决定》精神，在改进预算管理制度的过程中，加紧建立规范合理的中央和地方政府债务管理及风险预警机制**。一是建立债务风险指标预警体系。参考国际通行做法，采用债务负担率、债务率、偿债率等指标，设立具体化的政府债务风险评价标准，逐步建立政府债务风险评价预警体系。将地方政府债务逐步分类纳入预算管理，进一步完善地方政府性债务管理制度。二是积极编制政府流动资产负债表，实施动态管理。完善债务动态管理制度，积极编制政府流动资产负债表和债务收支计划，及时反映建设项目的投资规模、资金使用和偿还本息等情况。三是严格控制融资规模，建立健全项目决策机制。量力而行、突出重点，对需实施的建设项目，要从建设规模、资金来源、成本、偿债资金来源、效益等方面进行综合评审论证，避免超越财政承受能力，形成潜在债务风险。四是进一步完善政府债务建设项目的监管制度，降低融资成本，提高资金使用效益。

（新华社稿）

# 为什么要完善地方税体系？

**《决定》提出，要“完善地方税体系”，这是深化税制改革的重要内容**。地方税是由中央或地方立法、地方征收管理、收入归地方分配使用的税。完善地方税体系，就是要使地方在税收立法、执法和税源确立、收入分配等方面有更强的参与度。

**第一，充分认识完善地方税体系的重要意义**。随着我国经济社会的不断发展和公共财政体制的健全，地方政府要求培育地方支柱财源，尽可能增加地方本级收入，以满足地方公共支出需要。完善地方税体系的重要意义主要表现在：一是有利于营造更加统一、规范、公平、透明的税收制度环境。完善地方税体系有利于理顺中央与地方的利益关系、本地利益和其他地区尤其是相邻地区的利益关系，缩小地区间社会经济发展不平衡和区域税源分布的差异性，促进国家税收体系向更加完善、规范、公平和更有效率方向发展。二是有利于调动地方政府积极性，提高地方财政保障能力。完善地方税体系，能够为明确政府权责、规范政府行为、提高行政效率奠定基础，有利于进一步理顺财政体制，提高地方政府公共支出保障能力。三是有利于促进地方经济发展。完善地方税体系，可以提高地方政府管理经济的能力，营造公平竞争的区域环境，有效发挥税收对地方经济的调控作用，弥补市场失灵，促进地方经济持续健康发展。四是有利于规范政府间财政关系，促进财力与事权相匹配。完善地方税体系，将在中央和地方政府间建立起稳定、科学的财政关系基础，更好地在保持分税制财政体制框架基本稳定的前提下，围绕推进基本公共服务均等化和主体功能区建设，健全中央和地方财力与事权相匹配的体制，促进区域协调发展。

**第二，我国现行地方税体系存在严重缺陷**。我国现行地方税体系存在的严重缺陷主要表现在以下几个方面：一是税权划分不清。现行分税制只是将某些税种以及共享税的部分收入划归地方，并把相应的收入安排、使用权也划归地方，但税收立法权、开停征权、政策管理权却属于中央。这势必影响各级地方政府税收征管工作的开展。二是税种不明确。现行由地方税务机构组织征收的税种中，税收收入规模较大、调节力度强的只有营业税、企业所得税（含外资企业所得税）和个人所得税（含居民储蓄存款利息个人所得税）3 个税种，而且这 3 个税种也不是完全意义上的地方税，如营业税目前已改为增值税。这使地方政府难以因地制宜配置财政资源。三是税种老化、内外不一。现行地方税中有些是 20 世纪 50 年代初由当时的政务院颁布实施的，最近的也是 20 世纪 80—90 年代制定的，过于老化。此外，许多地方税种仍实行内外两套税制（如车船使用牌照税、城市房地产税等），不利于创造一个公平税负、平等竞争的投资环境和税收环境，也不利于我国税制与国际税制接轨。

**第三，贯彻《决定》精神，在深化税收制度改革中，完善地方税体系**。坚持从我国基本国情出发，贯彻兼顾税收效率与税收公平的原则，科学选择地方税主体税种，健全主辅税种合理配置、收入调节功能互相协同的地方税体系，为促进经济持续健康发展和社会和谐稳定创造良好的税制环境。将消费税、房产税、资源税、契税等财产行为类有关税收作为地方税的重要税目，不断增加地方税收收入，进一步增强地方特别是中西部地区安排使用收入的自主性、编制预算的完整性和加强资金管理的积极性。在统一税政的前提下，赋予省级政府适当税政管理权限，培育地方支柱税源。对于一般地方税税种，在中央统一立法的基础上，赋予省级人民政府税目税率调整权、减免税权，并允许省级人民政府制定实施细则或具体办法。

（新华社稿）

# 为什么要建立事权和支出责任相适应的制度？

**《决定》指出，要“建立事权和支出责任相适应的制度”**。这是理顺中央和地方财政分配关系，健全中央和地方财力与事权相匹配体制的重要任务。可从以下 3 个方面来理解。

**第一，充分认识建立事权和支出责任相适应的制度的重要性**。政府间财政关系归结起来主要是 4 个基本要素：事权、支出责任、财权、财力。一方面，完善事权和支出责任相适应的制度是整个财政体制协调运转的基础环节。事权可以定义为一级政府在公共事务和服务中应承担的任务和职责，支出责任是政府承担的运用财政资金履行其事权、满足公共服务需要的财政支出义务。多级政府体系下，在明确政府间事权的基础上，界定各级政府支出责任，才能划分财政收入，再通过转移支付等手段调节上下级的财力余缺，补足地方政府履行事权存在的财力缺口，实现“财力与事权相匹配”，这是确保整个财政体制有效运转的必然选择。另一方面，完善事权和支出责任相适应的制度是建立合理的分税财政体制的前提。纵观各国分税制建立与发展的历史，一个带有普遍性的基本特征就是，以科学界定政府事权及由此决定的支出责任为基础，匹配相应的税源，才能最终建立起以各级政府主体税种为核心的税收体系，确立政府间财政分配关系。

**第二，客观认识我国中央地方事权和支出责任不匹配的主要缺陷**。1994 年的分税制改革，初步确定了中央地方事权和支出责任。但由于各方面配套改革制约等多种因素影响，中央地方事权和支出责任相适应的制度建设一直没有深入展开。随着我国工业化、城镇化的推进，管理经济社会事务的法治化、规范化要求越来越高，这方面的问题就越来越突出。一是中央地方事权和支出责任缺乏明确清晰的界定。应由中央负责的事务，交给了地方；应由地方负责的事务，中央承担了较多的支出责任；中央和地方职责重叠，共同管理的事项较多。目前中央财政本级支出只占 15%，地方实际支出占到 85%，导致中央干预地方过多。这种状况造成职责不清、互相挤占或互留缺口、无从问责的现象，不符合现代国家治理的一般要求，不仅造成行政运行效率偏低、国家政策目标难以实现的问题，而且影响市场统一、司法公正和基本公共服务均等化。二是中央地方事权和支出责任缺乏健全的协调机制。一方面，某项政策或措施出台，往往由中央部门下发文件，“一竿子插到底”，基层政府只能被动接受。另一方面，下级政府也习惯于向上级政府争取财力支持，或通过一种事后债务化解的方式进行财力分配上的倒逼。由于中央地方事权和支出责任不适应，使得中央地方财权划分也不尽科学合理，导致中央地方事权与财力难以匹配，财税体制运行中矛盾较多，效率不高。

**第三，贯彻《决定》精神，建立事权和支出责任相适应的制度。**清晰的事权和支出责任是财力与事权相匹配的重要前提，是深化财税体制改革首先要解决的问题。要适度加强中央事权和支出责任，国防、外交、国家安全、关系全国统一市场规划和管理等作为中央事权；部分社会保障、跨区域重大项目建设维护等作为中央和地方共同事权，逐步理顺事权关系。区域性公共服务作为地方事权。中央和地方按照事权划分相应承担和分担支出责任。中央可通过安排转移支付将部分事权支出责任委托地方承担。对于跨区域且对其他地区影响较大的公共服务，中央通过转移支付承担一部分地方事权支出责任。保持现有中央和地方财力格局总体稳定，结合税制改革，考虑税种属性，进一步理顺中央和地方收入划分。

（新华社稿）

# 为什么说城乡二元结构是制约城乡发展一体化的主要障碍？

**《决定》提出，城乡二元结构是制约城乡发展一体化的主要障碍。必须健全体制机制，形成以工促农、以城带乡、工农互惠、城乡一体的新型工农城乡关系，让广大农民平等参与现代化进程、共同分享现代化成果。**

**实现城乡发展一体化，是经济社会发展的内在规律，是我国现代化建设的重要内容和发展方向。**从理论上讲，工农关系、城乡关系的内在联系决定了城乡要一体化发展。农业和工业是人类社会发展的两个支柱产业，农村和城市是人类经济社会活动的两个基本区域。工业和农业之间、城市和农村之间存在着内在的、必然的、有机的联系，彼此是相互依赖、相互补充、相互促进的。农业和农村发展，离不开工业和城市的辐射和带动；同样，工业和城市发展，也离不开农业和农村的支撑和促进。城乡一体化发展，就是把工业和农业、城市和农村作为一个有机统一整体，充分发挥彼此相互联系、相互依赖、相互补充、相互促进作用，特别是充分发挥工业和城市对农业和农村发展的辐射和带动作用，实现工业与农业、城市与农村协调发展。

**推进我国城乡发展一体化，主要障碍是城乡二元结构。**所谓城乡二元结构，就是在制度上把城镇居民和农村居民在身份上分为两个截然不同的社会群体，公共资源配置和基本公共服务等向城镇和城镇居民倾斜，农村得到的公共资源和农民享有的基本公共服务明显滞后于城镇和城镇居民，农民不能平等参与现代化进程、共同分享现代化成果。比如，在户籍制度方面，户口在性质上分为农业户口和非农业户口，农民被登记为农业户口，城镇居民被登记为非农业户口，农业户口不能自由转换为非农业户口。在这种二元户籍制度下，大量进城务工农民，虽然已经不再从事农业，也大部分时间不在农村居住，但并不能真正获得市民身份，无法在城市安家落户和融入城市，无法在就业、子女教育、医疗、社会保障、住房等公共服务领域享受同城镇居民相同的待遇，合法权益不能得到充分保护。在基本公共服务制度方面，财政对农村公共设施建设、义务教育、公共文化服务、社会保障的投入强度明显低于城镇，农村低保标准、合作医疗补助标准、社会养老保险补助水平明显低于城镇，特别是城镇社会保障体系对进城务工农民的覆盖度较低。在土地征收和交易制度方面，城市国有土地可以直接上市交易，农村集体土地不能直接上市交易，国家征收农村集体土地，不是按照土地的市场交易价格补偿，而是按照土地的原有用途收益补偿，补偿标准明显偏低。由于这种城乡二元结构的长期存在，导致城乡资源不能合理流动和优化组合，城乡生产要素不能平等交换，城乡公共资源配置严重不均衡，城乡基本公共服务严重不均等，使农村发展滞后、城乡差距拉大。

从根本上讲，这种以城乡分割为特征的城乡二元结构不破除，城乡发展一体化就实现不了。因此，全面深化改革，必须健全体制机制，破除城乡二元结构，形成以工促农、以城带乡、工农互惠、城乡一体的新型工农城乡关系，实现城乡发展一体化。

（新华社稿）

# 为什么要推进家庭经营、集体经营、合作经营、企业经营等共同发展的农业经营方式创新?

农村基本经营制度是党的农村政策的基石。《决定》对坚持和完善农村基本经营制度作出了部署，明确提出坚持家庭经营在农业中的基础性地位，推进家庭经营、集体经营、合作经营、企业经营等共同发展的农业经营方式创新，加快构建新型农业经营体系。

**第一，家庭经营、集体经营、合作经营、企业经营等共同发展的农业经营方式创新，是对农村基本经营制度的丰富和发展**。以家庭承包经营为基础、统分结合的双层经营体制，是我国农村改革取得的重大历史性成果，是广大农民在党领导下的伟大创造，是中国特色社会主义制度的重要组成部分，适合我国国情，适应社会主义市场经济体制，符合农业生产特点，能极大调动农民积极性和解放发展农村生产力，必须毫不动摇长期坚持。这种基本经营制度是在农村改革的伟大实践中形成的，并在农村改革的深化中不断丰富、完善、发展。推进家庭经营、集体经营、合作经营、企业经营等共同发展的农业经营方式创新，就是适应城镇化和现代农业发展的客观需要，在“统”和“分”两个层次推进农业经营体制机制和方式创新。家庭经营、集体经营、合作经营、企业经营共同发展，就是坚持家庭经营在农业中的基础性地位，稳定农村土地承包关系并保持长久不变，依法维护农民土地承包经营权；充分发挥集体经营、合作经营、企业经营在规模、效率、技术、市场等方面的优势，特别是充分发挥企业经营向农业输入现代生产要素和经营模式的先进生产力作用，推动提高农业生产经营的集约化、专业化、组织化、社会化，使农业经营方式更加丰富、更加具有竞争力，使农村基本经营制度更加充满持久的制度活力。

**第二，家庭经营、集体经营、合作经营、企业经营等共同发展的农业经营方式创新，能够有效推动农地制度由土地所有权和承包经营权“两权并行分置”向所有权、承包权、经营权“三权并行分置”发展，进一步完善农村土地权能和权益关系，提高农地资源配置和生产经营效率**。农村改革之前，我国农地制度是土地所有权和经营权合一，土地集体所有、集体经营，农民作为集体经济组织成员共同所有和经营集体土地。农村改革建立的以家庭承包经营为基础的农村基本经营制度，成功实现了土地所有权和承包经营权分离，土地所有权归集体，承包经营权归农民，这种“两权并行分置”的农地制度较好处理了国家、集体、农民权益关系，调动和保护了农民生产经营积极性，呈现出良好的制度绩效。但是，随着我国工业化和城镇化深入发展，大量农民转移到非农产业和城镇就业，这部分农民虽仍具有农民身份但已不再从事或不主要从事农业，虽仍是集体土地的承包主体但已不再是或不主要是集体土地的经营主体，农村土地流转大量发生，土地承包权主体同经营权主体发生分离日趋普遍，农民土地承包经营权分权设置越来越呈现出实践必要性。顺应实践要求，对土地承包经营权进行“承包权”和“经营权”分权设置，明确经营权流转及行使的法律地位，建立所有权、承包权、经营权“三权并行分置”的新型农地制度，显得十分必要。集体经营、合作经营、企业经营是承接农民土地经营权流转的重要载体。家庭经营、集体经营、合作经营、企业经营中，家庭经营是基础，集体经营、合作经营、企业经营主要是在农民土地经营权流转基础上形成的。因此，推进家庭经营、集体经营、合作经营、企业经营等共同发展的农业经营方式创新，就可以有效推动实现农民土地承包经营权分权设置，形成以所有权、承包权、经营权“三权并行分置”为特征的新型农地制度，优化农村土地所有、占有、使用、收益权能在不同主体之间的分布，更好坚持集体对土地的所有权，更好保障农户对土地的承包权，更好用活土地经营权，推动农地资源有效配置和现代农业发展。

（新华社北京 12 月 27 日电）

# 为什么要赋予农民对承包地占有、使用、收益、流转及承包经营权抵押、担保权能？

**《决定》明确提出，在坚持和完善最严格的耕地保护制度前提下，赋予农民对承包地占有、使用、收益、流转及承包经营权抵押、担保权能，允许农民以承包经营权入股发展农业产业化经营。**

赋予农民对承包地占有、使用、收益、流转及承包经营权抵押、担保权能，使农民拥有更多的土地使用权权能，让农民拥有承包地的权能更加完整和充分，有利于进一步完善农民同土地的关系，有利于维护农民土地权益，有利于保护土地使用权作为农民的用益物权，有利于扩展农地的生产经营功能，有利于促进农业农村发展。我国农村土地属于集体所有，农民通过承包经营获得的是土地的使用权。现行情况下，农民拥有的土地使用权主要是两个部分，一个是土地承包经营权，包括耕地、林地、草地的承包经营权，按有关法律规定，耕地承包期为 30 年，草地承包期为 30—50 年，林地承包期为 30—70 年；另一个是宅基地使用权。另外，农民可以通过招标、拍卖、公开协商等方式承包集体的荒山、荒沟、荒丘、荒滩，获得“四荒地”承包经营权。按现行法律规定，土地承包经营权属于用益物权，农民享有的承包地权能包括占有、使用、收益以及承包经营权转包、出租、互换、转让或其他流转方式。但是，由于物权法规定，耕地、宅基地等集体所有的土地使用权不能抵押，因而使得农民拥有的土地承包经营权的用益物权权能不完整、不充分。赋予农民更多的土地使用权权能，就是赋予农民对土地承包经营权拥有抵押、担保等权利，使农民能够以土地承包经营权进行抵押、担保等活动。将抵押、担保权注入土地承包经营权权能，可以充分活化土地使用权的金融功能和作用，扩大农村有效担保物范围，有效缓解农业农村发展中面临的融资难问题，使农业农村发展获得有效金融支持，为农业现代化发展提供强大动力。

赋予土地承包经营权抵押、担保权能，中央政策已经在林地承包经营权方面进行了成功实践，受到农民广泛欢迎。2003 年，《中共中央、国务院关于加快林业发展的决定》规定，林地使用权可抵押、担保、入股和作为合资、合作的出资或条件。2008 年，《中共中央、国务院关于全面推进集体林权制度改革的意见》规定，林地承包经营权人可依法对拥有的林地承包经营权和林木所有权进行转让、入股、抵押。林地是农村集体土地的重要组成部分。林地承包经营权抵押、担保的成功实践，为在一般意义上规定赋予农民对土地承包经营权享有抵押、担保权能提供了有力支持。另外，近年来，不少地方对赋予农民土地承包经营权和宅基地使用权抵押、担保权能进行了探索，极大改善了农民融资难状况，农民利用这些抵押贷款资金改善农业生产条件和投资创业，大大推动了现代农业发展。这些实践也为赋予土地承包经营权抵押、担保权能的政策突破提供了有力支撑。

赋予土地承包经营权抵押、担保权能，不会改变农村土地集体所有性质。因为，土地承包经营权抵押，所抵押的只是农民对土地的使用权，即用益物权，而不是土地的所有权，用益物权抵押并不会改变农村土地的集体所有权性质。即使出现抵押风险，所转移的也只是土地承包经营权，即转移的是土地的使用权，土地的所有权并不会发生转移，因而农村土地集体所有的性质不会改变。

（新华社稿）

# 为什么要鼓励承包经营权在公开市场上向专业大户、家庭农场、农民合作社、农业企业流转?

《决定》提出，**鼓励承包经营权在公开市场上向专业大户、家庭农场、农民合作社、农业企业流转，发展多种形式规模经营**。这为农村土地流转提出了明确方向和要求。

**第一，承包经营权向专业大户、家庭农场、农民合作社、农业企业流转，是培育新型农业经营主体的需要**。随着农村劳动力不断向非农产业和城镇转移，留在农村务农的年轻人越来越少，农业生产人员老龄化、后继乏人问题日益严重，"将来谁来种地"已成为我国农业健康发展和农业现代化建设的一个重大问题，成为影响我国农业产业安全的一个突出问题。动态上看，我国农业劳动力老龄化发展很快。与1996年第一次农业普查相比，第二次普查时50岁以上农业从业人员比重上升了14.4个百分点，平均每年上升1.44个百分点。按此趋势，到2016年第三次农业普查时，农业从业人员中50岁以上比重将超过50%。与老龄化一并出现的还有农业从业人员女性化和低文化程度化。根据第二次农业普查，农业从业人员中，女性占53.2%，文盲半文盲和小学文化程度占50.6%。所以，培育新型农业经营主体十分迫切。专业大户、家庭农场、农民合作社、农业企业是新型农业经营主体的主要形式，承包经营权向这些经营主体流转，有利于推动我国新型农业经营主体快速成长。

**第二，承包经营权向专业大户、家庭农场、农民合作社、农业企业流转，是发展规模经营和现代农业的需要**。发展规模经营和现代农业，是我国农业改革发展的重要方向。邓小平同志在20世纪90年代初就提出，中国社会主义农业的改革和发展，从长远的观点看，要有两个飞跃。第一个飞跃，是废除人民公社，实行家庭联产承包为主的责任制。这是一个很大的前进，要长期坚持不变。第二个飞跃，是适应科学种田和生产社会化的需要，发展适度规模经营，发展集体经济。这又是一个很大的前进。要提高机械化程度，利用科学技术发展成果，一家一户是做不到的。特别是高科技成果的应用，有的要超过村的界限，甚至超过区的界限。仅靠双手劳动，仅是一家一户的耕作，农业现代化的实现是不可能的。承包经营权向专业大户、家庭农场、农民合作社、农业企业流转，是推动农业实现规模经营的根本途径，有利于推动我国现代农业发展和实现农业现代化。

**第三，承包经营权向专业大户、家庭农场、农民合作社、农业企业流转，是提高农业盈利能力和市场竞争力的需要**。小规模分散经营情况下，农民靠土地种植实现不了充分就业，为了增加收入，必然要兼业，导致农业出现兼业化、副业化，难以成为有市场竞争力和经营吸引力的产业。农业部的调查表明，从我国资源禀赋和当前工农就业收益看，一年两熟地区户均耕种50—60亩、一年一熟地区户均耕种100—120亩，就有规模效益，农业就具有吸引力和竞争力。承包经营权向专业大户、家庭农场、农民合作社、农业企业流转，通过实现规模经营增加农民收入，这是提高农业盈利能力和市场竞争力的根本举措。

承包经营权向专业大户、家庭农场、农民合作社、农业企业流转，要坚持依法自愿有偿原则，充分尊重农民意愿，不搞强迫命令，确保不损害农民利益、不改变土地用途、不破坏农业综合生产能力。要规范土地流转管理，建立农村产权流转交易市场，健全县乡村土地流转服务网络，推动承包经营权流转在公开市场上公开、公正、规范运行。

（新华社稿）

# 为什么要鼓励农村发展合作经济？

《决定》对农村发展合作经济作出了部署，**明确提出鼓励农村发展合作经济，扶持发展规模化、专业化、现代化经营，允许财政项目资金直接投向符合条件的合作社，允许财政补助形成的资产转交合作社持有和管护，允许合作社开展信用合作**。这不仅提出了农村发展合作经济的基本要求和方向，同时提出了支持农村发展合作经济的政策措施。

合作经济是农业农村发展的一个重要方向。农业的农户分散经营特征，决定了农村发展合作经济的重要性和必要性。农户小规模分散经营与农产品大市场的矛盾，是我国农业发展面临的突出问题，发展合作经济是解决这一矛盾和问题的有效途径。合作经济是联结市场和农户的中介和载体，在传递市场信息、普及生产技术、提供社会服务、组织引导农民按照市场需求进行生产和销售等方面发挥着重要作用，可以改变单家独户农民进入市场势单力薄的弱势地位，扩大农产品商品销售规模，使个体的农业生产经营者在微观层面联合起来，以较高的组织化程度、一体的组织结构、适度的组织规模进入市场，实现分散生产与市场的有效对接，大大提高农户的市场谈判能力和竞争能力，是组织和服务农民的重要组织形式，是提高农业市场竞争力的有效途径。在农业生产领域以外，合作经济还可以在广泛的农村事务中有效解决一家一户农民解决不了或解决不好的事情，是发展农村公益事业和完善农村社会管理的有效载体。目前，一家一户的家庭经营仍然是我国农业农村经营方式的主体，必须通过大力发展专业合作、社区合作、股份合作等多种形式的合作经济，提高农业农村生产力水平，增强农业农村经济的整体素质和竞争力。

农村发展农产品生产和销售合作，是一个普遍的世界性现象和趋势。不论在发达国家还是在发展中国家，农民合作社都受到广泛重视。目前，全世界160多个国家和地区有农民合作社。在发达国家，农民普遍参加合作社，美国5/6的农民参加各类合作社，法国4/5的农民参加农业流通合作社，荷兰农民生产的产品80％以上通过合作社销售，日本农民几乎百分之百参加合作社，合作社已经成为农民依赖和依托的主要经济组织。特别是在人多地少国家或地区，农业合作十分发达，合作社在农业发展中发挥着非常重要的作用。比如在荷兰，3个奶类合作社的经营额就占领了全国80％的牛奶供销市场，2个合作拍卖行几乎销售了全国所有的花卉，1个淀粉用马铃薯合作社占领了全国100％的市场，1个种用马铃薯合作社在全国市场中占有70％的份额。通过合作社的生产和技术交流、加工、销售活动，使农户与合作社之间形成了紧密联系，有效提高了农业的竞争力。这些经验为我国农村发展合作经济提供了很好参鉴。

（新华社稿）

# 为什么要赋予农民更多财产权利？

**《决定》提出，赋予农民更多财产权利**。这是健全城乡发展一体化体制机制、推进城乡发展一体化的重要内容和要求。

**赋予农民更多财产权利，是实现城乡居民财产权利平等的必然要求**。目前我国城乡不平等的一个深层次表现是，农民和市民所享有的财产权利不平等。比如，城镇居民购买的房屋具有完整产权，可以抵押、担保、买卖，农民自己在宅基地上合法建造的房屋却不具有完整财产权，不能抵押、担保，也不能出售到本集体经济组织成员以外。企业获得的国有土地使用权可以用于抵押、担保等活动，农民拥有的集体土地使用权不能用于抵押、担保等活动。农民对农村集体资产拥有所有权，但这些权利在经济上缺乏有效的实现形式。财产权利的不足，严重制约农户财富的培育、积累、扩大，制约农户财产进入社会财产增值体系、信用体系、流动体系，制约农民同城镇居民在经济权利上的平等，制约城乡一体化发展。

**赋予农民更多财产权利，是增加农民收入和财富、缩小城乡收入差距的必然要求**。农业农村农民问题，核心是农民收入问题。农民收入水平低、增长慢，城乡居民收入差距大，不仅不利于农业农村发展和农民生活水平提高，而且制约内需特别是消费需求扩大和经济持续稳定增长，对巩固工农联盟和实现社会和谐稳定也会形成不利影响。根据统计资料计算，2012 年农民人均纯收入只相当于城镇居民人均可支配收入的 32.2%，如果剔除城乡居民收入核算方法和内容的不可比因素，把农民人均纯收入也转换为可支配收入，则农民人均收入水平相当于城镇居民的比例还要更低一些。所以，持续较快增加农民收入，是缩小城乡差距和推进城乡一体化发展的要求，对解决好“三农”问题乃至对整个经济社会发展全局都具有重要意义。增加农民收入，需要培育新空间和开辟新途径。从农民收入构成看，家庭经营性收入、工资性收入、转移性收入、财产性收入4个部分中，财产性收入所占比重很低，是增加农民收入最大的潜力所在。应该把增加财产性收入作为促进农民增收的重要途径，采取多种措施大力推动农民增加财产性收入。赋予农民更多财产权利，推动农民财产权利在经济上有效充分实现，就可以有效增加农民财产性收入，使财产性收入成为农民增收的新的增长点，从而有效拉动农民收入持续较快增长，逐步缩小城乡居民收入差距。

**赋予农民更多财产权利，在内涵上就是要保障农民依法享有平等的财产权利**。积极发展农民股份合作，赋予农民对集体资产股份占有、收益、有偿退出及抵押、担保、继承权，使农民依法获得集体资产股份分红收益；充实农民土地使用权权能，赋予农民对承包地占有、使用、收益、流转及承包经营权抵押、担保权能，允许农民以承包经营权入股发展农业产业化经营，使农民依法获得土地股权投资收益；鼓励承包经营权向专业大户、家庭农场、农民合作社、农业企业流转，使农民依法获得土地流转收益；保障农户宅基地用益物权，改革完善农村宅基地制度，通过试点慎重稳妥推进农民住房财产权抵押、担保、转让，使农民依法获得宅基地和房产转让收益；允许农村集体经营性建设用地出让、租赁、入股，实行与国有土地同等入市、同权同价，建立兼顾国家、集体、个人的土地增值收益分配机制，合理提高个人收益，使农民公平分享土地增值收益，推动财产真正成为农民发展和致富的重要手段。

（新华社稿）

# 为什么要改革完善农村宅基地制度？

《决定》**提出，改革完善农村宅基地制度，选择若干试点，慎重稳妥推进农民住房财产权抵押、担保、转让**。这既明确提出了改革完善农村宅基地制度的任务，又明确提出了改革完善农村宅基地制度的内容和要求。

改革完善农村宅基地制度，是我国农村发展现实的客观需要。我国现行农村宅基地制度是长期以来形成的。按现行制度规定，农村村民一户只能拥有一处宅基地，面积不得超过省、自治区、直辖市规定的标准。但在实践中，这一标准并未得到有效执行，农村宅基地存在不少问题。主要是：**第一，超标准占用宅基地现象十分突出，造成了宅基地对耕地资源的大量挤占**。超标准占用的主要表现，有的是一户多处宅基地，有的是尽管一户一处宅基地但面积明显超过标准。据中部某省国土资源部门的抽样调查，全省约 15%的农户一户拥有多处宅基地，城中村和城乡结合部的一户多处宅基地比例更是高达 40%以上。即使是一户一处宅基地的农户，建房占地面积超标准现象也很普遍。各地尽管大多对每户宅基地的审批指标控制在 120－200 平方米，但绝大多数农民都将这一指标理解为住房主体建筑的墙基面积，并未将辅助用房、柴草垛、场院、院落等占地面积包括在内，因而在主体住宅之外尽可能多地占地、乱搭滥建，形成相互攀比、多占土地的不良风气。超占现象在平原地区更为多见，超出的面积也比较大。据北京市有关部门调查，郊区某镇农民户均宅基地 1.2 亩，户均

1.15 个宅院，按“一户一院”标准，超标占地面积合计占宅基地总面积的 59%。据东部某省调查，该省农村居民点用地按人平均由 1996 年的 122 平方米增加到 2004 年的 164 平方米，增加 34%。**第二，闲置宅基地现象大量存在，造成土地资源极大浪费**。农村宅基地闲置的主要表现，一是“建新不拆旧”，二是举家进城务工的农民在农村的房屋长期闲置。在农村不少地方，农户建房申请新的宅基地，新住宅建好并搬入居住后，原来的旧房不拆、旧宅基地不交。据上述中部某省国土资源部门对该省一个县的调查，该县全部 9792 个自然村中，50%以上存在“建新不拆旧”现象。国土资源部的调查显示，农村闲置宅基地、空置住宅占地、村内空闲地面积占农村居民点用地总面积的 9%，宅基地闲置浪费现象普遍而且严重。宅基地及住房闲置，不仅浪费了土地资源，而且影响了村容村貌，使农村出现了大量“空心村”。据中国科学院地理资源所调查测算，农村宅基地及住房闲置引发的“空心村”问题十分突出，村庄空心化程度由城市核心区向郊区呈梯度分布，距离城市核心区越远空心化程度越高，平原农业区的“空心村”类型最具代表性，传统农区 1/4－1/3 有村庄空心化问题。据该所测算，全国农村“空心村”综合整治，增加耕地的潜力达 1.14 亿亩。国土资源部的资料也显示，通过农村土地综合整治，可新增耕地 10%－15%。**第三，宅基地使用权权能单一，限制了宅基地对于农民的财产属性和功能**。农民在宅基地上建造的房屋无法产权化，限制了农民房屋的财产所有权权能，进而限制了农户房屋财产的经济功能，如抵押、担保等，使农户房屋财产权益无法在经济上充分实现，不能进入社会财产增值体系和流动体系，不利于农户房产增值及实现增值收益，不利于保障农民的财产权益。上述这些现象说明，必须改革完善农村宅基地制度。

改革完善农村宅基地制度，基本方向和途径是：第一，加强宅基地管理，严格“一户一宅”和宅基地面积上限控制政策，真正杜绝

“一户多宅”、“一宅超限”等多占宅基地现象。第二，加强宅基地复垦，严格杜绝宅基地闲置，把闲置宅基地全部复垦为耕地。第三，对农村宅基地进行确权登记颁证，向农户颁发具有法律效力的宅基地权属证书，建立完善的宅基地使用权统一登记体系。第四，扩展宅基地使用权权能，通过选择若干地区试点，慎重稳妥推进农民住房财产权抵押、担保、转让，使宅基地使用权具备充分的物权权能，推动农户房产进入社会财产增值体系、信用体系、流动体系。

（新华社稿）

# 如何推进城乡要素平等交换和公共资源均衡配置？

《决定》**提出，推进城乡要素平等交换和公共资源均衡配置**。这是健全城乡发展一体化体制机制，形成以工促农、以城带乡、工农互惠、城乡一体的新型工农城乡关系的基本要求和重要举措。

**第一，维护农民生产要素权益，保障农民在劳动、土地、资金等要素交换上获得平等权益**。这是推进城乡要素平等交换和公共资源均衡配置的重点。基本要求是“三个保障”，即保障农民工同工同酬，保障农民公平分享土地增值收益，保障金融机构农村存款主要用于农业农村。现行体制机制下，农民生产要素权益没有得到有效维护。劳动要素方面，进城务工农民没有实现同城镇职工的同工同酬，相同劳动岗位农民工所得收入只相当于城镇职工的一半左右。土地要素方面，城乡土地交换农民得到的补偿较少。资金要素方面，农村存款资金大量流向非农产业和城市，农民长期面临“贷款难”。推进城乡要素平等交换，必须维护农民生产要素权益。保障农民工同工同酬，就是要改革城乡不平等的就业和劳动报酬制度，使农民工享有同城镇职工同等的劳动报酬权益；保障农民公平分享土地增值收益，就是要允许集体经营性建设用地出让、租赁、入股，实行与国有土地同等入市、同权同价，改革征地制度，缩小征地范围，规范征地程序，建立兼顾国家、集体、个人的土地增值收益分配机制，提高农民在土地增值收益中的分配比例；保障金融机构农村存款主要用于农业农村，就是要完善农村金融服务渠道和体系，使金融机构从农村吸收的存款主要用于农业农村发展。

**第二，健全农业支持保护体系，改革农业补贴制度，完善粮食主产区利益补偿机制**。这是推进城乡要素平等交换和公共资源均衡配置的重要方面。由于农产品特别是粮食的市场需求弹性和收入弹性不足，与工业品等其他产品相比缺乏市场价格优势，相同数量的土地和资金从事粮食等农业生产所能获得的收益要远远少于其他产业。这种状况直接影响粮食生产和国家粮食安全，影响农业持续健康发展。因此，必须健全农业支持保护体系，改革农业补贴制度，完善粮食主产区利益补偿机制。健全农业支持保护体系，就是要进一步从资金投入、价格支持、基础设施建设等方面，完善政策机制，加大支持保护力度，形成支持保护农业的长效机制。改革农业补贴制度，就是要充分发挥农业补贴对提高农业特别是粮食生产能力的促进作用，调整补贴方式，改变实践中存在的不管种不种粮食以及种多少粮食，农业补贴都按承包地面积平均发放的简单做法。粮食生产直接补贴、良种补贴、农机具购置补贴、农资综合补贴等补贴资金的使用要向种粮农民等粮食生产者集中，特别是新增补贴资金要向粮食主产区、种粮大户、家庭农场、农民合作社等倾斜，形成农业补贴同粮食生产挂钩机制，让农业补贴真正发挥支持粮食生产的作用，让多生产粮食者多得补贴。同时，积极探索新增农业补贴资金集中使用、集中用于改善粮食生产条件等农业基础设施的有效途径，发挥补贴资金集中力量办大事的作用。完善粮食主产区利益补偿机制，就是要通过财政转移支付等方式，加大对粮食主产区的支持力度，不断提高稻谷、小麦等粮食最低收购价格，弥补粮食生产在经济上的弱势，使粮食主产区人均公共财力和收入不低于全国平均水平，确保种粮农民和产粮大县在经济上不吃亏，从根本上保护农民种粮和主产区发展粮食生产的积极性。

**第三，鼓励社会资本投向农村建设**。这是推进城乡要素平等交换的重要形式和途径。社会资本投向农村建设，有利于弥补农村储蓄资金、劳动、土地等生产要素外流对农村发展的影响，有利于弥补公共资源配置的城乡不均衡对农村发展的影响。各行各业都要积极支持农村建设，企业和社会组织要采取投资筹资、捐款捐助、人才和技术支持等方式在农村兴办医疗卫生、教育培训、社会福利、社会服务、文化旅游、体育等各类事业，以多种投资方式建设农村生产生活基础设施，积极支持农村发展。

**第四，推进城乡基本公共服务均等化**。这是推进城乡要素平等交换和公共资源均衡配置的重要目标。要统筹城乡基础设施建设和社区建设，大力推动社会事业发展和基础设施建设向农村倾斜，加大公共财政农村基础设施建设覆盖力度，统筹城乡义务教育资源均衡配置，健全农村三级医疗卫生服务体系，实施农村重点文化惠民工程，健全新型农村社会养老保险政策体系，加快农村社会养老服务体系建设，完善城乡均等的公共就业创业服务体系，整合城乡居民基本养老保险制度、基本医疗保险制度，推进城乡最低生活保障制度统筹发展，努力缩小城乡差距。

（新华社稿）

# 如何完善城镇化健康发展体制机制?

**《决定》提出，要完善城镇化健康发展体制机制**。坚持走中国特色新型城镇化道路，推进以人为核心的城镇化，推动大中小城市和小城镇协调发展、产业和城镇融合发展，促进城镇化和新农村建设协调推进。这为完善城镇化健康发展体制机制提出了明确目标。

**第一，加快户籍制度改革，推进以人为核心的城镇化**。在我们这样一个人多地少、城乡区域发展差异大、生态环境接近承载极限的国家推进城镇化，路子必须走正，不然就会犯历史性错误，造成难以挽回的巨大损失。推进城镇化，必须以人为核心，大力推进人口城镇化，实现人口市民化，这是中国特色新型城镇化的重点，也是城镇化工作的重点。过去一二十年，我国的土地城镇化速度远远快于人口城镇化。2000—2010 年，全国城市建成区面积增长了 78.5%，而同期城镇人口只增长了 45.9%。这种大量占用土地的城镇化，是我国的土地资源根本无法承受的。以人为核心的城镇化，就是要扭转以地为核心、大量圈地造城、要地不要人的城镇化偏向，实现土地城镇化和人口城镇化相协调。推进以人为核心的城镇化，在体制机制上，就是要加快户籍制度改革，全面放开建制镇和小城市落户限制，有序放开中等城市落户限制，合理确定大城市落户条件，逐步把符合条件的农业转移人口转为城镇居民，稳步推进城镇基本公共服务常住人口全覆盖，让农业转移人口在城镇能够进得来、住得下、融得进、能就业、可创业。

**第二，完善设市标准，推动大中小城市和小城镇协调发展**。大中小城市和小城镇协调发展，是中国特色新型城镇化道路的重要特征，是完善城镇化健康发展体制机制的重要要求。在完善大中小城市和小城镇协调发展体制机制方面，要突出两个重点。一是严格控制特大城市人口规模。由于各方面原因，我国人口过度向少数特大城市集中的势头越来越明显。特大城市人口聚集过多，必然导致交通拥挤、空气污染、资源短缺、生态环境压力、生活成本过高等“城市病”。特别是绝大多数高校毕业生不愿离开特大城市，相当数量的高校毕业生和其他年轻人居住在条件较差的城市边缘地区，形成大量“蚁居”、“蚁族”，隐藏着很大的社会风险和隐患。要以严格控制特大城市人口规模为目标，加强和创新人口管理，逐步重组和转移特大城市部分过度集中功能，把握好人口在不同城镇空间的合理分布，不要都挤到大城市特别是特大城市。二是大力提高中小城市对人口的吸纳能力。中小城市和小城镇是吸纳人口的主体，要优化城市空间结构和管理格局，大力发展中小城市和小城镇，把培育和发展产业放在首位，以业立城、以业兴城、以产业带动就业，积极引导人口向中小城市流动，形成人口在各类城市和小城镇合理分布的良性格局。要完善设市标准，严格审批程序，对具备行政区划调整条件的县可有序改市；对吸纳人口多、经济实力强的镇，可赋予同人口和经济规模相适应的管理权，增强中小城市和小城镇产业发展、公共服务、吸纳就业、人口集聚功能。

**第三，建立城市建设投融资机制，推进城市建设管理创新**。推进城镇化，包括城市基础设施建设和基本公共服务供给等，都需要大量资金。据中国社会科学院研究，目前我国农业转移人口市民化的人均公共成本，即政府为保障农业转移人口市民化而在各项公共服务、社会保障、基础设施新扩建等方面所需增加的财政支出人均约为 13 万元，2030 年前还将有近 4 亿农民要市民化。很显然，这样庞大数量的资金需求，仅靠政府财政是满足不了的，必须建立规范透明的城市建设投融资机制。要允许地方政府通过发债等多种方式拓宽城市建设融资渠道，允许社会资本通过特许经营等方式参与城市基础设施投资和运营，研究建立城市基础设施、住宅政策性金融机构，为城镇化发展筹措必需的资金。

（新华社稿）

# 如何推进农业转移人口市民化？

**《决定》提出，推进农业转移人口市民化，逐步把符合条件的农业转移人口转为城镇居民，把进城落户农民完全纳入城镇住房和社会保障体系，在农村参加的养老保险和医疗保险规范接入城镇社保体系，建立财政转移支付同农业转移人口市民化挂钩机制**。这为推进农业转移人口市民化提出了明确方向和要求。

推进农业转移人口市民化，是我国新型城镇化的重大任务，是我国经济社会持续健康发展的重大选择，是我国实现现代化必须解决的重大问题。发展经验表明，城镇化是现代化的重要内容和表现形式，世界上没有一个国家是不经过城镇化就实现了现代化的。目前，发达国家的城镇化率都超过 70%，美国、日本、德国的城镇化率分别达到 82%、91%、74%，超过我国几十个百分点。所谓城镇化，就是伴随着工业化进程，农业人口不断向非农产业转移、向城镇转移，从而使城镇数量不断增加、城镇规模不断扩大、城镇人口比重不断提高的历史过程。因此，没有农业转移人口的市民化，也就没有城镇化的实现。推进城镇化的重要任务，就是随着工业化的发展，推进农业人口向非农产业和城镇转移，实现农业转移人口市民化。改革开放以来，我国城镇化发展很快，但总体上看，我国城镇化质量不高，突出表现为农业转移人口市民化滞后。2012 年，我国按城镇常住人口计算的城镇化率达到 52.6%，而按城镇户籍人口计算的城镇化率只有 35.3%，二者相差 17 个多百分点。2000—2012 年，户籍人口城镇化率和常住人口城镇化率的差距由 10.5 个百分点扩大到 17.3 个百分点。中国社会科学院研究表明，目前我国农业转移人口市民化程度综合指数仅有 40%左右。大量农业转移人口虽然被统计为城镇人口，但并没有真正获得城镇居民身份，无法在就业、子女教育、医疗、社会保障、住房等公共服务领域享受同城镇居民同等的待遇，也无法长期在城市稳定就业和居住生活，实际上处于半城镇化状态，不仅影响农业转移人口的合法权益，而且影响社会阶层和谐与城镇化质量。农村存在的大量留守儿童、留守妇女、留守老人及由此产生的一系列社会问题，也是这种半城镇化的直接结果。所以，加快推进农业转移人口市民化，是我国城镇化持续健康发展的迫切需要，也是我国经济社会持续健康发展的迫切需要。

**推进农业转移人口市民化，必须建立完善相应体制机制。一要创新人口管理，加快户籍制度改革**。要按照全面放开建制镇和小城市落户限制、有序放开中等城市落户限制、合理确定大城市落户条件、严格控制特大城市人口规模的要求，加快形成以合法稳定住所或稳定职业为户口迁移基本条件、以经常居住地为户口登记基本形式的城乡统一的户籍管理制度，逐步让已长期在城镇就业和生活的农业转移人口在城镇落户，在户籍身份上成为完全的城镇居民。**二要稳步推进城镇基本公共服务常住人口全覆盖，把进城落户农民完全纳入城镇住房和社会保障体系**。进城落户农民在农村参加的养老保险和医疗保险，要规范接入城镇社保体系，以保障他们在农村缴纳的时间能够延续计算。城镇职工养老保险、医疗保险、失业保险、工伤保险等基本社会保障，要对农业转移人口全覆盖。农业转移人口享有同城镇居民相同的基本住房保障服务，在子女就学、公共卫生等方面享有同城镇居民相同的待遇。**三要建立完善农业转移人口市民化成本分担机制**。中央和省级财政要加大对推进农业转移人口市民化的资金投入，以常住人口而不是户籍人口作为财政分成和转移支付的依据，建立财政转移支付同农业转移人口市民化挂钩机制，对吸纳农业转移人口较多城镇的公共服务能力建设予以较多支持，增强城镇公共产品供给能力和吸纳农业转移人口能力。

（新华社稿）

# 怎样理解新形势下发展自由贸易园（港）区的必要性？

**《决定》提出，在推进现有试点基础上，选择若干具备条件地方发展自由贸易园（港）区**。根据 1973 年海关合作理事会（现为世界海关组织）通过的《关于简化和协调海关业务制度的国际公约》（简称《京都公约》），自由贸易园区是指缔约方境内的一部分领土，进入其中的任何货物就进口税费而言，通常被视为在关境以外，并免于实施惯常的海关监管措施。只要不违反世界贸易的一般规则，世界贸易组织即允许其成员自主设立自由贸易园区。根据《京都公约》确立的原则，自由贸易园区的主要特征是，法律上处于“境内关外”地位，位置上隔离封闭，形式上通常是港区联合，功能定位为综合发展，管理和法制保障健全完备，海关监管便捷，配套政策最大优惠。

在建立中国上海自由贸易试验区的基础上，选择若干具备条件地方发展自由贸易园（港）区，体现了党的十八届三中全会顺应世界经济发展大势扩大开放的决心，是更加积极主动对外开放的重大举措。

**第一，紧跟世界经济发展大势**。尽管当前全球经济复苏存在着诸多不确定性，但从中长期看，全球化仍是世界经济发展的基本趋势。在经济全球化条件下，发达经济体的众多跨国公司主导着全球要素配置和生产力布局调整，以技术密集、绿色低碳增长为主要特征的战略性新兴产业必将成为引领新一轮产业革命、推进世界经济新增长的主导力量。发展自由贸易园（港）区正是顺应经济全球化发展变化，寻求我国深化改革开放的战略突破。

**第二，推动经济发展方式加快转变**。改革开放35年来，我国经济发展取得了举世瞩目的成就，但也付出了巨大的环境、资源和生态代价。当下，我们正面临生态破坏、资源浪费、环境恶化，劳动力成本持续上升，国际金融危机和主权债务危机愈演愈烈导致外需不振，形形色色的国际贸易绿色壁垒等各种突出矛盾和问题。发展自由贸易园（港）区，能够推进区域内的功能创新和转型升级，加快贸易与金融、航运、物流、制造、会展等产业及相互之间融合发展，进而形成辐射和带动效应，为我国转变经济发展方式提供符合世界经济发展潮流的先进模式。

**第三，主动顺应全球化经济治理新格局，对接国际贸易投资新规则**。国际金融危机发生以后，新的全球化经济治理格局正在形成，全球金融、贸易、投资治理结构大调整，新产业革命催生新业态新模式。跨太平洋战略经济伙伴关系协定、跨大西洋贸易与投资伙伴关系协定等自由贸易谈判推动更高标准的贸易和投资自由化，更加强调服务贸易自由化、公平竞争和权益保护。发展自由贸易园（港）区，就是打造我国新时期面向世界、深耕亚太的战略载体，通过先行试验国际经贸新规则新标准，积累新形势下参与双边、多边、区域合作经验，为开展相关谈判提供实证样本和参考依据，为我国参与国际经贸规则制定提供有力支撑。

**第四，主动承担全国开放战略的先行引领使命**。适应国际国内发展新形势，对于我国而言，以开放促改革势在必行。扩大开放领域，服务业领域成为重点；提升开放能级，必须更多引进跨国公司地区总部等功能性机构；提升双向开放，走出去要更加注重形成和发挥研发、品牌、营销相结合的综合优势；开放载体转型升级，就必须深化审批制度改革、投资制度改革、国有企业改革，释放新的制度红利。发展自由贸易园（港）区，在接轨国际通行制度规则、法律规范、政府服务、运作模式等方面率先实践，为我国深化改革开放提供可借鉴、可推广的新模式。

（新华社稿）

# 如何认识加快自由贸易区建设的紧迫性？

**《决定》强调要“加快自由贸易区建设”，“形成面向全球的高标准自由贸易区网络”，这是扩大对外开放的现实途径，是以开放促改革的重要方式，我们要深刻理解加快自由贸易区建设的紧迫性。**

**顺应全球自由贸易区快速发展的新形势，必须加快自由贸易区建设。**第一，全球自由贸易协定大量涌现。目前，世贸组织 159 个成员中除蒙古外都参与了一个或多个区域贸易安排。截至 2013 年 7 月，向世贸组织通报并仍然有效的区域贸易安排一共有 249 个，属于自由贸易协定的有 218 个，比重占到 88%。第二，世界贸易日益向各个区域经济集团集聚。据美国贸易代表办公室统计，美国已签和在谈自由贸易协定的国家作为一个整体，已成为世界第一大经济体，占全球国内生产总值的 42%，吸纳了美国 70%的出口。2012 年，欧盟内部贸易比重为 63%。亚太区域内贸易比重也高达 55%以上。据世贸组织专家估计，当前全球贸易的一半左右在各区域经济集团内部进行。第三，自由贸易区迅猛发展由大国带动的特点非常突出。2012 年，美国、欧盟、韩国、墨西哥的自由贸易协定伙伴分别为 20 个、53 个、47 个、44 个，这些国家和地区同其自由贸易协定伙伴的进出口额占其外贸总额的比重分别为 40%、28%、35%、81%。与之相比，我国同已生效自由贸易协定伙伴的贸易额占我国外贸总额的比重为 26%，如不包括台港澳地区，只有 12%。美国、欧盟、日本还通过发展跨洲的自由贸易协定关系，在全球合纵连横，抢占势力范围。第四，发达国家在自由贸易区中力推国际经贸新规则，抢占未来竞争和发展的制高点，重塑全球贸易投资规则体系。由于自由贸易区具有贸易创造和贸易转移的效应，必然形成谁参加谁受益、谁不参加谁被边缘化的结果，因此，全球自由贸易区发展浪潮正在深刻影响世界政治经济格局，我国加快自由贸易区建设的形势十分紧迫。

**增强我国深化改革开放动力，也必须加快自由贸易区建设**。第一，推动我国改革开放向纵深发展。同多边贸易体系的开放相比，自由贸易区的开放有对象可选、进程可控的特点。因此，自由贸易区的开放是一种以局部带整体、安全而高效的开放。通过加快自由贸易区建设，在货物贸易、服务贸易、投资等领域，适当提高自由化标准，可倒逼我们破除体制机制障碍，以竞争带动产业健康发展。第二，拓宽经济发展空间。选择有关国家发展自由贸易区，在互惠互利基础上相互开放市场，可以更好地承接国际产业转移，推动企业加快走出去步伐。第三，保障战略资源供应。2012 年，我国自海合会进口原油占我国进口总量的 35%；自澳大利亚进口铁矿石占我国进口总量的 47%；自南非进口铬矿石占我国进口总量的 48%。同这些资源丰富的国家商建自由贸易区，可以建立起多元稳定的重要资源海外供应渠道。第四，改善国际环境特别是大周边环境。建立自由贸易区，可将我国市场吸引力和经济辐射力转化为国际影响力，为我国和平发展创造更好的外部环境。

（新华社稿）

# 怎样认识内陆开放在新一轮对外开放中的战略地位？

**内陆开放是我国新一轮对外开放的最大潜力和动力所在，是拓展开放型经济广度和深度的关键所在**。改革开放35年来，我国通过开放引领改革、开放促进发展，迅速成为全球第二大经济体、第一制造大国和对外贸易大国。我国对外开放从建立沿海经济特区到沿边、沿江、内陆地区由东及西渐次展开。在成就珠三角、长三角、环渤海三大经济区的同时，也出现了东部沿海和内陆地区明显的差距。可以说，现阶段我国发展的不平衡，主要体现为区域发展的不平衡；开放程度的不协调，更多体现为内陆和沿海开放的不协调。要创新内陆开放模式，激发广袤内陆地区的开放活力，形成对外开放的战略腹地和新的经济增长点，为我国全方位开放注入更为持久的动力。

**适应经济全球化新形势，抓住并用好全球产业重新布局的机遇，推动内陆贸易、投资、技术创新协调发展**。针对内陆地区加工贸易和沿海地区在物流运输成本和时效上的重大差异，创新内陆加工贸易模式，推进整机生产、零部件、原材料配套和研发结算在内地全流程、一体化集群发展，使内陆地区成为沿海加工制造贸易升级版的承接地。针对内陆与沿海外资利用水平的落差，推进内陆地区全方位、宽领域、多渠道利用外资，使内陆地区成为新的外资集聚地。统筹推进内陆地区国际贸易大通道建设，更好发挥渝新欧、郑新欧国际铁路联运大通道战略性、功能性作用，加快建设向东南亚、中亚、俄罗斯、欧洲等方位的国际物流大通道，支持内陆城市增开国际客货运航线，发展江海、铁海、路航等多式联运，形成横贯东中西、联结南北方的对外经济走廊。加强内陆地区口岸布局与建设，支持有条件的内陆中心城市建设铁路、航运、航空等国际口岸，发展内陆口岸经济。推动内陆同沿海沿边通关协作，实现内陆海关和沿海海关信息互换、监管互认、执法互助，确保企业进出口货物一次申报、一次查验、一次放行，提高货物通关效率，降低企业运行成本。加快调整口岸管理体制，整合口岸管理相关职能，实现口岸货物监管一口对外，从体制上解决口岸管理部门林立、通关环节众多、执法平台封闭运行等问题。改革边防管理模式，有序扩大多次往返和落地签证试点范围，促进内陆地区出入境便利化。扩大内陆地区金融领域对外开放，支持内陆中心城市建立辐射东盟和中亚的区域性金融中心，积极发展金融结算、金融后台服务等特色金融，形成多层次、开放性、均衡布局的涉外金融新格局，带动周边地区扩大对外开放。扩大内陆开放先行先试范围，扩大内陆地区加工贸易转型升级试点，支持内陆国家级新区探索建立符合国际惯例的自由贸易区。加大内陆口岸基础设施建设力度，根据货物进出口流向和产业转型升级方向，赋予内陆地区更多口岸功能。鼓励内陆地区金融机构稳健拓展国际业务，建立与国际贸易大通道相适应的对外金融服务体系。鼓励国内外金融机构设立产业发展基金，形成多层次的股权投资体系，支持内陆地区先进制造业和现代服务业发展。按照转变政府职能和简政放权的要求，及时清理、调整和取消制约内陆开放的歧视性政策措施，制定促进内陆开放的扶持政策和相关法规，形成对接国际惯例、保障我国全方位开放的法制和政策体系。

（新华社稿）

# 如何认识扩大沿边开放的战略意义？

我国陆地边境线总长2.28万公里，同14个国家毗邻。沿边139个县级行政区土地面积合计200万平方公里，总人口2450万，分别占全国的20.8%和1.8%，分布着45个少数民族。**沿边地区是我国对外开放的重要门户，是国家重要的战略资源储备基地和安全屏障，也是我国少数民族聚居地，在我国经济社会发展中具有重要战略地位。**

**《决定》明确要求扩大沿边开放，对于优化开放空间布局、促进区域协调发展、构建和谐周边环境具有重要战略意义。**第一，扩大沿边开放有利于优化开放空间布局、促进区域协调发展；有利于增强沿边地区自我发展能力，把区位优势转化为开放的优势和发展的优势，缩小同沿海和内陆地区发展的差距；也有利于促进开放空间逐步从沿海向沿边延伸，打造东西呼应、海陆并进的空间开放格局，促进沿海、内陆、沿边区域协调发展。第二，扩大沿边开放有利于构建和谐周边环境。沿边地区民族社情复杂，周边局势内外关联，发展上的差距容易触发民族宗教和边疆稳定问题，为境外敌对势力所利用。国际金融危机推动世界政治经济格局加速调整，战略重心加快东移。扩大沿边开放既有利于我国同周边国家拉紧利益纽带，增强战略互信，实现互利共赢，也有利于促进民族团结、稳边兴边。第三，扩大沿边开放有利于拓展能源资源战略通道。我国周边国家资源丰富，14个毗邻国家和伊朗的石油储量占全球的20%、天然气储量占42%、铁占34%、铜占23%、镍占23%、钨占27%，是大国竞相争夺的新兴能源基地和重要战略地区。推进沿边地区开放开发、加快建设周边国际大通道，合作开发周边国家的能源资源，有利于缓解日益增长的国内资源紧缺，降低我国对远洋资源来源地和运输通道的依赖风险，实现我国能源资源战略通道的多元化，保障国家经济安全。

目前，扩大沿边开放具备诸多有利条件。从 1992 年开始，国务院先后批准丹东等 14 个城市为边境开放城市，设立了黑河等 15 个边境经济合作区，开放 120 多个口岸和临时过货点，其中陆路一类口岸 60 多个，铁路、公路、航空、水运、光纤电缆以及管道运输等基础设施互联互通的立体开放格局正在加快形成。西部大开发、振兴东北等老工业基地、兴边富民行动规划等涉及沿边地区扩大开放的一系列重大发展战略深入实施，有效带动了沿边地区的经济社会发展，沿边地区综合经济实力显著增强，基础设施不断完善，对外经贸合作规模持续扩大，教育、文化、社会事业快速发展。边境贸易、周边投资合作等成为沿边省区开放型经济的重要组成部分。沿边省区经济社会的快速发展，为加快沿边地区开放奠定了较好的基础，此其一。其二，沿边地区发展潜力巨大。我国陆路边境线总长居世界第二位，陆地毗邻国最多，辐射区域大，开放空间广阔。广西是东盟合作高地，云南、西藏是向西南开放的重要桥头堡，新疆、甘肃是向西开放基地，东北三省和内蒙古是东北亚开放重要枢纽。周边国家有的能源资源富集，有的市场潜力巨大，大都处于经济社会较快发展的上升期，同我国合作发展的愿望十分强烈。我国坚持与邻为善、以邻为伴，坚持互利共赢，同周边国家共同搭建的合作平台和机制日益完善。我国沿边地区同周边国家地缘相近、经济互补，深化互利务实合作具备先天条件。还有，目前我国支撑沿边扩大开放的能力显著提升。我国的综合国力和国际地位不断上升，为扩大沿边开放提供强大支撑。沿海地区对外开放的成功实践，为沿边地区扩大开放提供了宝贵经验。

（新华社稿）

## 为什么要推动通关协作、改变现行口岸管理格局?

**《决定》要求通过“推动内陆同沿海沿边通关协作，实现口岸管理相关部门信息互换、监管互认、执法互助”，这就为口岸管理指明了改革方向并进行了具体部署**。实现新一轮对外开放必须在以往基础上强化问题导向，针对现行口岸管理部门林立、通关环节众多、执法平台封闭运作等突出问题，创新对外开放模式，破解对外开放尤其是通关运作中存在的体制机制性障碍。

**在管理模式上，推动形成统一规范的口岸管理体制，加快整合口岸管理相关职能，货物进出口岸监管实现海关一口对外，旅检现场实现边检管人、海关管物的口岸通关模式，最大限度地促进进出口贸易和物流的便利化**。改革开放以来，国家采取了一系列措施推动口岸管理体制改革，但现行口岸管理体制“九龙治水”格局尚未根本转变，口岸查验部门职责交叉重叠，且协调配合又不够紧密，体制性原因导致通关环节多，通关过程繁杂，工作重复，既增加了贸易和执法成本，也造成进出口企业和进出境旅客的不便。从国际惯例看，改革口岸管理体制、促进贸易便利化，是大势所趋。“9・11”事件后，美国成立的国土安全部下设了海关与边境保护局，负责行使口岸管理全部职责，实现了口岸管理一口对外。海关与边境保护局可以独立处理包括原先的移民、海关和动植物检疫等在内的全部边境业务，实行一站式管理，代 60 多个部门执法把关，执行联邦和地方政府的 100 多部法律。欧盟的比利时、荷兰、瑞典、德国、法国等国家，口岸管理由移民局和海关承担，移民局管人，海关管物，实行抽查式管理。加拿大口岸实行海关一关对外、代行职能的运行模式，移民、检疫等其他部门不在口岸设卡检查，仅负责处理海关在检查中发现并移交的事项。俄罗斯对海关、边防、动检、植检、消费者权益保护、移民管理和运输管理等 7 个口岸机构进行裁撤，只保留海关和边防，其他 5 个机构都从口岸撤离。因此，应顺应国际潮流，从国家战略高度出发，客观分析评估口岸通关症结和企业诉求，建立口岸工作促进开放型经济发展新模式。

**在管理方式上，推动形成协同高效的一卡通平台，加快以电子口岸为基础，运用物联网技术，借鉴国际上单一窗口的运行模式，推动沿海、内陆、沿边的大通关协作，实现信息互换、监管互认、执法互助，使海关、质检、工商、税务、交通、边防、海事等部门都在一个平台上运行**。我国对外开放水平的不断提高，对外贸易规模的逐步扩大，客观上对口岸监管执法和运作效率、信息化水平提出了更高要求。2002 年，国务院明确了建设大通关统一信息平台的要求。在现有管理体制下，各部门与口岸管理部门合作共同建设地方电子口岸，通过科技手段发挥作用，为企业提供高效便捷的服务，在沿海取得了较好效果。但是，内陆与沿海仍是“两张皮”，海关、商检等部门之间以及内陆与沿海之间，并没有实现信息互换、监管互认、执法互助，使得内陆货物出口需要重复申报、重复商检，从而延滞了出口时间，增加了企业运行成本。欧盟 28 个成员国，在一国海关检验后，不管是欧盟边境上的国家还是地处内陆的国家均无需重复查验，他们只在报关点记账确认，各国海关分享关税就行了。从我国渝新欧大通道的实践看，通道沿线的哈萨克斯坦、俄罗斯、白俄罗斯、波兰、德国等国海关实现了信息互换、监管互认、执法互助，做到一次申报、一次查验、一次放行。这说明，我国内陆与沿海实现真正意义上的大通关是完全可行的。

（新华社稿）

# 为什么要推动人民代表大会制度与时俱进？

人民代表大会制度是保证人民当家作主的根本政治制度。《决定》指出，“**推动人民代表大会制度与时俱进。坚持人民主体地位，推进人民代表大会制度理论和实践创新，发挥人民代表大会制度的根本政治制度作用。**”这是加强社会主义民主政治建设的根本任务，也是推进政治体制改革的迫切要求。

人民代表大会制度，是我们党在政权建设上把马克思主义基本原理与中国具体实际相结合的伟大创举，是近代以来中国社会发展的必然选择，是中国共产党带领全国各族人民长期奋斗的重要成果，是对社会主义民主政治建设的伟大创新，体现了国家政权组织形式的发展趋势。人民代表大会制度之所以有强大的生命力和巨大的优越性，就在于它植根于中国国情，是个开放的制度体系，具有与时俱进的优秀品格，能够根据社会主义现代化建设各个时期的发展需要，不断地进行自我完善和发展，不断地汲取和借鉴全人类共同创造的政治文明成果。

我国已进入全面建成小康社会决定性阶段，世情、国情、党情继续发生深刻变化，深入贯彻落实党的十八大提出的全面建成小康社会和全面深化改革开放的要求，要求我们进一步推动人民代表大会制度与时俱进，使国家根本政治制度始终跟上时代前进的步伐。中国特色社会主义事业不断发展，中国特色社会主义制度也需要不断完善。人民代表大会制度是中国特色社会主义制度的重要组成部分。坚持以实践基础上的理论创新推动制度创新，把根本政治制度同基本政治制度、基本经济制度以及各方面体制机制等具体制度有机结合起来，已成为全面深化改革的内在要求。

我们党担负着团结带领人民全面建成小康社会、加快推进社会主义现代化、实现中华民族伟大复兴中国梦的历史重任，必须推动人民代表大会制度与时俱进，进一步加强和改进党对国家和社会事务、对国家政权机关的领导，确保党始终成为中国特色社会主义事业的坚强领导核心。人民代表大会制度，是最能体现我们党执政理念的民主政治制度，是实现党的领导的最好政权组织形式，也是党领导国家事务的一大特色和优势。面对新形势新任务新要求，坚持把党的领导、人民当家作主、依法治国有机结合起来，经过国家权力机关按照法定程序制定法律或作出决定，把党的主张变成国家意志，变为全体人民的共同行为规范和自觉行动，团结带领全国各族人民沿着中国特色社会主义道路继续前进，已成为摆在我们面前的重大课题。

当前，我们正面对纷繁复杂的国际形势和艰巨繁重的改革发展任务，推动经济社会发展面临的矛盾和问题更为突出，这些矛盾和问题都会以一定形式反映和表现在政治方面，同时政治自身发展也面临许多新情况，政治体制还有一些需要完善和发展的环节。对人民代表大会制度建设而言，它的实现形式、运作机制、工作程序等还有待进一步完善，在充分发挥自身作用、改进选举制度、提升代表素质、提高立法质量、加强民主监督、完善工作和组织制度等方面还有待进一步加强。只有推动人民代表大会制度与时俱进，更加充分地发挥国家权力机关作用，才能依法行使好立法、监督、决定、任免等职权，加强立法工作组织协调，防止地方保护和部门利益法制化，健全对“一府两院”的监督，加强对政府预算决算审查监督和国有资产监督职能。只有推动人民代表大会制度与时俱进，探索各种新形式、新机制，更好地加强与代表的联系、密切与群众的联系，才能有效发挥人民当家作主的积极性、创造性，才能积极回应社会关切，既集中人民的共同意志和利益，也反映和协调各方面的特殊利益，把全国人民的力量和智慧凝聚起来。

应该指出的是，推动人民代表大会制度与时俱进，必须深刻认识和始终坚持我国人民代表大会制度的本质特征和基本内容，走中国特色社会主义政治发展道路。要借鉴人类政治文明有益成果，但绝不照搬西方政治制度模式，绝不搞多党轮流执政、“三权分立”、两院制。既要研究和汲取别国的经验，更要珍视自己的经验，旗帜鲜明地坚持和发展人民代表大会制度的特点和优势，为发展社会主义民主政治、建设社会主义政治文明提供可靠的保证，为人类政治文明、制度文明发展作出自己应有的贡献。

（新华社稿）

# 为什么要推进协商民主广泛多层制度化发展？

协商民主是我国社会主义民主政治的特有形式和独特优势，是党的群众路线在政治领域的重要体现，是运用马克思主义对我国民主政治实践的理论升华和伟大创造，对于发展中国特色社会主义民主政治具有重要指导意义，对于推动人类政治文明发展必将作出有益贡献。**《决定》明确指出，“推进协商民主广泛多层制度化发展”，“在党的领导下，以经济社会发展重大问题和涉及群众切身利益的实际问题为内容，在全社会开展广泛协商，坚持协商于决策之前和决策实施之中”**。

协商民主是指协商主体通过自由平等的公共协商参与决策，求同存异，合作、参与、协商，以最大限度地包容和吸纳各种利益诉求。人民通过选举、投票行使权力和人民内部各方面进行充分协商，是我国社会主义民主的两种重要形式。

我国历来具有协商议政的传统，推进协商民主广泛多层制度化发展，符合我国国情，符合中国特色社会主义政治制度内在要求，对于推进社会主义政治文明建设具有重大而深远的意义。

**第一，推进协商民主广泛多层制度化发展，有助于拓宽政治参与渠道，体现社会主义民主政治的独特优势**。健全社会主义协商民主制度，把它与选举民主结合起来，正是中国特色社会主义民主的特色之所在，也是我国深化政治体制改革的重要任务。推进协商民主广泛多层制度化发展，把有序参与、平等议事、民主监督、凝聚共识、科学决策、协调各方、和谐发展融为一体，可以最大限度地满足不同阶层、不同群体复杂多样的参与要求，更好地保障人民当家作主的民主权利，让人民群众不仅能够独立地参加投票和选举，而且能够经常讨论协商公共事务。同时，有效克服了当代西方国家民主形式的固有弊端，避免了一些国家照搬西方民主导致社会动乱和民族分裂的社会危机，彰显我国社会主义政治发展道路的鲜明特色。

**第二，推进协商民主广泛多层制度化发展，有助于反映社会各方面意见、愿望和要求，促进党和政府科学民主决策**。当前，我国经济体制深刻变革、社会结构深刻变动、利益格局深刻调整、思想观念深刻变化，各种矛盾和问题明显增多，不同阶层、不同群体的利益诉求日益多元化。推进协商民主广泛多层制度化发展，建立常态化、多层次、可操作的协商对话机制，可以使不同阶层、不同群体都能参与国家管理和公共生活，通过沟通、对话、讨论，广泛交流、交锋、交融，使最终作出的决策能够符合实际、顺应民意，促成科学决策与理性施政。

**第三，推进协商民主广泛多层制度化发展，有助于推动改进党的领导方式和执政方式，保证党领导人民有效治理国家**。在中国共产党的领导下，各党派、各团体、各民族和社会各界人士，围绕国家大政方针以及重要问题进行协商，体现了中国共产党和中国人民的政治智慧，已成为中国共产党治国方略的重要内容。推进协商民主广泛多层制度化发展，不断加强人民政协建设，同各民主党派、各界人士进行广泛协商，同时大力发展基层民主协商，推动公民广泛参与公共事务，必将进一步拓宽人民民主的深度和广度，在维护最广大人民根本利益的基础上巩固党的执政地位，促进经济社会持续健康发展。

（新华社稿）

# 如何进一步发展基层民主？

基层民主直接关系到广大人民群众的切身政治权利，是全部民主政治的基础。健全基层群众自治制度，开展形式多样的基层民主协商，让人民群众依法直接行使民主权利，是中国特色社会主义民主政治建设的重要内容，是发展更加广泛、更加充分、更加健全的人民民主的迫切要求。《决定》**明确指出“发展基层民主”，突出强调“健全基层选举、议事、公开、述职、问责等机制”，“推进基层协商制度化，建立健全居民、村民监督机制”，“健全以职工代表大会为基本形式的企事业单位民主管理制度，加强社会组织民主机制建设”**。

**第一，开展形式多样的基层民主协商**。协商民主是基层民主实践中常用的形式，主要表现为民情恳谈会、民主沟通会、民主理财会、民情直通车、便民服务窗、社区议事会、居民论坛、乡村论坛等。在开展基层民主协商中，必须进一步提高广大基层领导干部对协商民主地位作用的认识，使他们明确重大公共事务的政府行为都要争取群众的理解和支持，在达成共识的基础上作出符合公共利益的决策。必须建立一个让基层群众、组织和社区等利益相关方能够表达意见、协商讨论的制度化平台，有一条与群众协商沟通的有效渠道，有一种由群众参与决策的规范程序，有一套党委政府领导下的专家论证、群众参与的科学机制。

**第二，健全基层群众自治机制**。基层群众自治制度，包括城市居民委员会和农村村民委员会制度，是社会主义民主制度的重要内容，是我国一项基本政治制度。通过基层党组织领导的基层群众自治机制，人民群众直接行使民主权利，在城乡社区治理、基层公共事务和公益事业中依法自我管理、自我服务、自我教育、自我监督，并对干部实行民主监督。要切实把基层群众自治机制作为人民当家作主最有效、最广泛的途径，作为发展社会主义民主的基础性工程，抓紧抓好。要以扩大有序参与、推进信息公开、加强议事协商、强化权力监督为重点，拓宽范围和途径，丰富内容和形式，保障人民群众更好地实行民主选举、民主决策、民主管理、民主监督，把城乡社区建设成为管理有序、服务完善、文明祥和的社会生活共同体。要建立健全居民、村民监督机制，完善对城乡社区中担负管理职责的人员选举和罢免程序，自己选举自己的带头人，并把管理涉及的事务尽可能地向居民公开，加强权力监督。在农村，不仅要自选村委会干部，还要建立健全选举机构，完善监督机制。

**第三，加强各类企事业单位和社会组织民主机制建设**。全心全意依靠工人阶级，健全企事业单位和社会组织民主管理制度，保障职工的知情权、参与权、表达权、监督权，是发展基层民主的重要方面。要健全以职工代表大会为基本形式的企事业单位民主管理制度，强化职工在本单位经营管理和各项事务中的民主管理、民主监督作用，审议企事业单位的重大决策，管理企事业单位内部事务，监督行政领导行使管理职权，维护职工合法权益，确保企事业单位各项事业健康、可持续发展。要加强对基层工会、共青团、妇联等团体以及各类社会组织的领导，积极培育各种有利于促进社会公共利益、基层民主和社会自治功能的社会组织，推动基层各类组织广泛发扬民主，提高工作透明度，引导和规范基层各类组织健康有序发展。在此基础上，充分发挥基层各类组织在维护群众利益、反映基层群众诉求、管理基层事务、扩大群众参与等方面的积极作用，增强基层各类组织的自治功能，实现政府管理和基层民主的有机结合。

（新华社稿）

# 为什么要相对集中执法权，推进综合执法？

实施相对集中行政执法权、推进综合行政执法改革，是深化行政体制改革和行政执法体制改革的重要任务，也是规范市场秩序、推动经济社会持续健康发展的迫切需要。《决定》**提出明确要求："整合执法主体，相对集中执法权，推进综合执法，着力解决权责交叉、多头执法问题，建立权责统一、权威高效的行政执法体制。"**

**第一，相对集中执法权，推进综合执法，是深化行政执法体制改革、落实依法行政的重要环节**。党的十八大明确提出，"推进依法行政，切实做到严格规范公正文明执法"，到2020年实现"法治政府基本建成"的目标。在我国，80%以上的法律法规由行政机关实施，但我们的行政执法工作与依法行政的要求相比还存在着差距。对此，行政处罚法、行政许可法、行政强制法以及《国务院关于进一步推进相对集中行政处罚权工作的决定》、国务院《全面推进依法行政实施纲要》、《国务院关于加强法治政府建设的意见》等作出明确规定，要求按照行政权力与责任紧密挂钩、与行政权力主体利益彻底脱钩的原则，理顺行政执法体制，规范行政执法行为，相对集中执法权，推进综合执法，提高依法办事的能力和水平。

**第二，相对集中执法权，推进综合执法，是解决行政执法中权责交叉、多头执法问题的有力举措**。长期以来，由于多方面原因，不少部门都建有自己的执法队伍，甚至同一个领域有几支执法队伍，多层执法、多头执法、重复执法，一定程度上影响了行政执法的公正性和统一性，损害了人民群众的利益和政府的形象，干扰了正常的公共秩序和市场经济秩序。同时，随着市场经济的快速发展，各级各类市场不断繁荣、边界日益模糊，对我们市场管理的方式方法和能力水平提出新的更高要求。对此，必须相对集中执法权，推进综合执法，组建相对独立、集中统一的行政执法机构，同时按区域设置执法机构并实行属地管理，减少行政执法层次，适当下移执法重心。只有这样，才能更好地维护社会稳定、规范市场秩序、保护公民和法人的合法权益。

**第三，相对集中执法权，推进综合执法，是提高执法专业化水平的有效途径**。各部门组建独立执法队伍、分散进行执法，容易造成队伍素质参差不齐、人员编制和执法经费不足、执法制度和程序不完善等问题。实行综合行政执法，能够整合部门资源，把“五根指头”捏成“拳头”，集中保证编制经费，优化机构设置和装备条件，加强培训上岗和日常管理，切实增强执法队伍力量，为提高执法工作规范化奠定良好基础。

**第四，相对集中执法权，推进综合执法，是深化行政体制改革和事业单位分类改革的重要内容**。通过清理整顿行政执法队伍，实行综合行政执法，一方面有利于深化行政体制改革，避免行政执法机构膨胀，降低行政成本；另一方面有利于进一步转变政府职能，合理划分政府部门与行政执法机构的职责权限，实现政策制定职能与监督处罚职能相对分开。同时，目前绝大部分各级各类行政执法机构的机构性质和人员编制参差不齐，除部分是行政编制或参照公务员管理的事业编制外，有相当一部分是事业编制，实行差额拨款，执法主体的资格和权威性面临质疑。按照分类推进事业单位改革的原则，行政执法机构作为承担行政职能的事业单位，逐步划归并入行政机构或转为精简、高效的行政机构。

（新华社稿）

55

# 为什么要改革司法管理体制？

改革司法管理体制，确保审判机关、检察机关依法独立公正行使审判权、检察权，是深化司法体制改革的重大举措，是加快推进社会主义法治建设的迫切需要，是让人民群众在每一个司法案件中都感受到公平正义的必然要求。

**第一，社会主义法治国家建设进程不断加快，要求进一步改革司法管理体制**。近年来，中国司法改革积极稳妥有序推进，步入顶层设计、整体统筹的新阶段，取得显著进展。在肯定成绩的同时，也要清醒地看到，随着依法治国基本方略加快实施和社会主义民主法治建设不断推进，广大人民群众对依法维护自身合法权益，实现社会公平正义，提出了更高的期待和要求。中央明确要求进一步推进司法体制改革，对从制度上保证审判机关和检察机关依法独立公正地行使审判权和检察权提出了新的要求。党的十六大报告强调：“改革司法机关的工作机制和人财物管理体制，逐步实现司法审判和检察同司法行政事务相分离。”党的十七大报告指出：“深化司法体制改革，优化司法职权配置，规范司法行为，建设公正高效权威的社会主义司法制度，保证审判机关、检察机关依法独立公正地行使审判权、检察权。”党的十八大报告要求：“进一步深化司法体制改革，坚持和完善中国特色社会主义司法制度，确保审判机关、检察机关依法独立公正行使审判权、检察权。”必须全面贯彻落实中央精神，立足于我国基本国情和发展的阶段性特征，用中国的智慧和中国的方法，借鉴其他国家司法制度有益经验，进一步探索实践，深化司法管理体制改革，确保依法独立公正行使审判权检察权。

**第二，防止司法地方保护主义、推进司法公正，要求进一步改革司法管理体制**。由于我国经济社会发展不平衡、司法人员司法能力存在差异、地方保护主义观念尚未根除等原因，司法裁量权行使不透明、司法行为不规范等现象依然存在，地方各级司法机关在行使国家司法权力过程中容易受到地方因素的不当影响和干预，难以独立公正地行使司法权力，一定程度上影响了司法公正和司法权威，人民群众对此反映强烈。既要确保各层级司法单位依法独立公正办案，切实保证司法权的行使不受地方行政机关、社会团体和个人干涉，又要确保党委政府加强对司法工作的监督，已成为深化司法体制改革的重要课题。这就要求我们以解决影响司法公正、制约司法能力的深层次问题为着力点，进一步总结改革经验，改革人民法院、人民检察院的管理体制，推动省以下地方法院、检察院人财物统一管理，探索建立与行政区划适当分离的司法管辖制度，保证国家法律统一正确实施。

**第三，加强司法队伍建设、提升职业素养和专业水平，要求进一步改革司法管理体制**。近年来，在司法改革中，围绕着专业化、职业化、正规化制度建设，围绕着容易滋生腐败的关键环节，积极完善职业准入制度，加强职业道德建设，改革经费保障体制，强化廉政风险防控，有效提高了司法能力和司法公信力。但是，按照公务员序列管理司法人员队伍导致行政职级主导的职业保障体系，与司法的职业要求和职业风险不相适应。必须进一步深化司法管理体制改革，建立符合职业特点的司法人员管理制度，健全法官、检察官、人民警察统一招录、有序交流、逐级遴选机制，完善司法人员分类管理制度，健全法官、检察官、人民警察职业保障制度，为建设公正高效权威的社会主义司法制度提供良好组织基础。

（新华社稿）

# 如何健全司法权力运行机制？

**加强司法权力制约和监督，构建符合中国国情、符合法治国家要求的司法权力运行机制，是深化司法体制改革、确保正确行使司法权的客观需要，也是实现司法民主的必要形式、司法公正的基本保障、司法公信的重要途径、司法廉洁的有效手段**。围绕健全司法权力运行机制，抓住容易发生问题的薄弱环节，《决定》进一步强调了几个方面的改革任务。

**优化司法职权配置，健全司法权力分工负责、互相配合、互相制约机制，加强和规范对司法活动的法律监督和社会监督**。对公安部门、检察院、法院、司法部门等职责权限以及相互关系进行必要的调整，构建职能明确、分工合理、制约有效的司法权力运行机制，使人民法院、人民检察院和公安机关办理刑事案件时切实做到分工负责、互相配合、互相制约，保证准确有效地执行法律。规范司法用权行为，全面实行“立审分立、审执分立、审监分立”。构建科学合理的监督机制，拓展监督渠道，主动接受党的监督、人大的监督、社团的监督、舆论的监督、公民个人的监督。

**改革审判委员会制度，完善主审法官、合议庭办案责任制**。赋予独任法官裁判权，尊重合议庭评议案件形成的多数意见，切实做到“让审理者裁判、由裁判者负责”，审判职能由主审法官和合议庭行使，如果出现了错案，相应的责任也由主审法官承担，加强主审法官的责任心，促进法官业务水平的提高。既充分考虑当前法官队伍素质良莠不齐的现状，肯定院长、庭长对裁判过程和裁判文书予以把关的积极意义，明确院长、庭长在具体案件裁判中的管理权限，明确审判委员会的职责，又必须突出法官的裁判主体地位，对院长、庭长以及审判委员会的参与行为作出明确的限定，避免把“审核”衍变为“审批”，“要求复议”衍变为“强制性变更”。

**明确各级法院职能定位，规范上下级法院审级监督关系**。针对不同层级司法部门之间的行政化管理倾向，以及一些地方出现的下级法院向上级法院请示报告案件处理等现象，明确上下级法院之间是监督与被监督关系，不是行政隶属关系，不同层级的司法部门之间要逐步回归原本意义上的审级关系，解决行政权制约审判权、审判不独立问题。

**推进审判公开、检务公开，增强法律文书说理性，严格规范减刑、假释、保外就医程序，广泛实行人民陪审员、人民监督员制度**。积极探索司法公开的有效形式和途径，充分保障人民群众对司法审判工作的知情权、参与权、监督权，更好地约束和规范司法行为。人民法院实行六项公开，将立案、庭审、执行、听证、文书、审务向社会公开。推进阳光司法工程，加强审判流程、裁判文书、执行信息三大公开平台建设，录制并保留全程庭审资料，让审判流程看得见、摸得着、听得到。推动公开法院生效裁判文书，接受公众的检阅，倒逼裁判文书做到事实清、依据足、说理透。人民检察院实行检务公开，对不起诉案件、刑事申诉案件依法实行公开审查、公开听证、公开答复。公安机关实行警务公开，推出刑事案件立案和破案回告、消防事故责任公开认定、交通事故公开处理等制度。针对减刑、假释、保外就医等审理程序透明度不够高、“重罪多减、轻罪少减”规定不符合宽严相济刑事政策等问题，建立减刑、假释审理程序公开制度，严格重大刑事罪犯减刑、假释的适用条件，完善刑罚执行监督机制，使刑罚的执行具有更高公信力。针对一些地方人民陪审员“陪而不审”、

“合而不议”，人民监督员民意代表性不足和检察机关过度主导等问题，进一步深化改革、创新机制，真正使之成为司法机关吸收普通民众参与和监督司法活动的重要举措，更好地直接体现司法民主。

（新华社稿）

# 如何完善人权司法保障制度?

**尊重和保障人权，体现了我们党和政府执政为民的宗旨，体现了社会主义司法为民的性质，是社会主义政治文明建设的重要组成部分，是司法体制改革的重要目标。**近年来，我国高度重视在司法活动中保护人权，初步形成了比较完备的人权司法保障制度。随着社会经济迅速发展和社会民主进程不断推进，人民群众对社会公平正义的要求越来越高，权益保障的愿望越来越迫切，进一步在司法领域全方位落实人权保障，成为摆在我们面前的重大课题。《决定》鲜明地提出了“完善人权司法保障制度”的要求，并作为一条进行专门论述。

**必须更加重视尊重和保障人权。“国家尊重和保障人权”已经庄严写入我国宪法，成为一项重大的宪法原则。**人权司法保障是人权宪法保障的重要组成部分，必须从维护宪法权威、推进依法治国的高度，进一步采取有效措施，深入推进司法体制机制改革，继续加强人权立法工作，不断充实和完善中国特色社会主义人权法律体系，规范司法行为，更好地为尊重和保障人权提供司法保障，为实现社会公平正义作出积极贡献。

进一步规范查封、扣押、冻结、处理涉案财物的司法程序，依法保护公共财产和公民私人所有的合法财产。充分考虑涉案财物的判决与处理当事人及有关社会公众的切身利益，明确可及时返还被害人的财产范围，加强对涉案财物处置的法庭调查，重视案外人提出的权属异议，完善涉案财物的处理程序，切实保障被害人和财产所有人的合法权益。

健全错案防止、纠正、责任追究机制，严禁刑讯逼供、体罚虐待，严格实行非法证据排除规则，依法保障犯罪嫌疑人、被告人和罪犯的权利，防止无罪的人受到刑事法律追究，防止有罪的人受到不公正的处罚。采取有力措施，完善工作机制，推进司法公开，规范刑事和行政强制措施，健全证据、辩护、侦查措施、强制措施、审判程序等具体制度，进一步有效约束、规范国家的刑事司法权力运行，预防、减少侵犯人权的行为。健全防止冤假错案的制度保障，加强对遏制刑讯逼供和其他非法取证行为的制度设计，明确不得强迫任何人证实自己有罪，强化证人出庭作证制度，保障犯罪嫌疑人、被告人的辩护权，推进执法规范化建设。强化责任制，严格落实错案追究制，提高司法工作人员责任意识和业务素质。强化对司法工作的监督制约，进一步完善诉讼当事人、参与人的权利义务告知制度，加强社会监督。逐步减少适用死刑罪名，进一步严格控制和慎用死刑。

废止劳动教养制度，完善对违法犯罪行为的惩治和矫正法律，进一步规范强制措施的适用，完善强制措施的解除和变更程序。通过法定程序，对劳动教养制度予以废止。加强对刑罚执行和监管活动的监督，适当减少监禁刑的适用，明确适用非监禁刑案件的范围。健全社区矫正制度，丰富社区矫正、教育矫正和帮困扶助措施。

健全国家司法救助制度，完善法律援助制度，努力使合法权益受到侵害的弱势群体当事人都能充分运用法律手段维护自己合法权益，保障公民基本人权、维护社会正义。强化司法救助的政府责任，积极开展司法救助，完善刑事被害人权益保障体系。明确法律援助的范围、标准、实施程序以及法律援助各方的权利义务、法律责任，做好法律解答咨询，办好法律援助案件。

完善律师执业权利保障机制和违法违规执业惩戒制度，加强职业道德建设，发挥律师在依法维护公民和法人合法权益方面的重要作用。重视发挥律师参与刑事诉讼、维护人权的作用，保障律师在执业活动中的人身权、辩护权和辩论权。积极推进律师制度改革，完善律师结构，加强行业自律。

（新华社稿）

# 为什么要废止劳动教养制度？

劳动教养制度建立以来，为维护社会治安、确保社会稳定发挥了积极作用。随着社会主义民主法治建设的加快推进，要求改革劳动教养制度的呼声日趋强烈。同时，法律法规不断完善，政法机关驾驭社会治安局势能力不断提升，也为改革劳动教养制度创造了有利条件。**《决定》积极回应社会关切，明确提出：“废止劳动教养制度，完善对违法犯罪行为的惩治和矫正法律，健全社区矫正制度。”**

劳动教养是对被劳动教养的人实行强制性教育的行政措施，创立于20世纪50年代，是党和政府从我国国情和当时的社会历史条件出发作出的一项重要决策。1957年8月全国人大常委会第七十八次会议批准《国务院关于劳动教养问题的决定》，标志着劳动教养初步纳入了法制轨道。在建立之初，劳动教养制度兼有教育矫治和收容安置功能。“文化大革命”期间，劳动教养制度停止实施。1979年第五届全国人大常委会第十二次会议批准了《国务院关于劳动教养的补充规定》，明确了劳动教养的审批、管理、期限和监督等问题。此后，全国人大常委会、国务院颁布了一系列法律、法规和规范性文件，特别是行政诉讼法、行政复议法、治安管理处罚法、禁毒法等法律相继出台，对劳动教养制度作了补充、调整和完善。可以说，对于那些主观恶性较深、屡教不改但又没有达到犯罪定量标准要求，既不能给予刑事处罚，适用治安处罚又不足以为戒的违法和轻微犯罪行为，予以劳动教养，创造性地解决了刑法结构上的缺陷和治安管理处罚程度上的不足。劳动教养制度创立 50 多年来，对维护治安秩序、确保社会稳定、教育挽救违法人员发挥了历史性的重要作用。

随着近年来我国经济社会的快速发展，随着我国依法治国进程的不断加快，经过各方面坚持不懈的共同努力，我国法律制度进一步完备，处理违法犯罪的法律不断完善、有机衔接，劳动教养的功能逐步被相关法律制度所替代，劳动教养的适用逐年减少乃至基本停用，废止劳动教养制度的社会共识已逐渐形成，时机日益成熟。按照法律规定，劳动教养制度应由国务院提请全国人大常委会，通过法律程序予以废止。

总体而言，提出废止劳动教养制度，是贯彻依法治国方略的必然要求，是强化以法治思维和法治方式管理社会的重要体现，是社会发展进步的必然选择，既必要又可行。需要强调的是，为保护广大人民群众的合法利益免受违法犯罪分子不法行为的侵害，我国目前还需要完善对违法犯罪行为的惩治和矫正法律。

（新华社稿）

# 为什么要形成科学有效的权力制约和协调机制？

权力是社会政治生活的核心，其运行是否科学有效，是判断一个国家政治文明和发展水平的重要标志。《决定》**强调，必须构建决策科学、执行坚决、监督有力的权力运行体系，形成科学有效的权力制约和协调机制**。这进一步表明了权力运行机制建设的重要性和紧迫性，并且从顶层设计的高度提出了明确的改革方向和具体要求。

**第一，形成科学有效的权力制约和协调机制是时代和社会实践发展的需要**。我国的权力结构和运行机制，建立在我国社会主义民主政治的基础之上，总体上符合我国国情，能够实现好、维护好、发展好最广大人民根本利益。特别是随着改革开放和社会主义现代化建设的深入推进，随着社会主义民主政治建设的不断发展，随着党和国家各项领导制度和工作制度的日益完备，党和国家的权力结构和运行机制也日益健全和成熟，能够比较好地适应经济社会持续健康发展的需要。但在一些具体方面还存在一些不相适应、不够完善的地方。最主要的问题是权力配置还不尽科学；权力过分集中，导致一把手出问题的比例相对比较高；权力运行过程还不够透明；对权力的监督还不够有力。因此，形成科学有效的权力制约和协调机制，既是我们党提高执政能力、巩固执政地位、完成执政使命的重要保证，也是建设廉洁政治，实现干部清正、政府清廉、政治清明的根本保证。当然，构建科学有效的权力制约和协调机制，要与深化政治、经济等各方面体制改革协同推进，逐步完善。

**第二，必须构建决策科学、执行坚决、监督有力的权力运行体系。在权力运行体系中，决策是核心，执行是关键，监督是保障**。要进一步健全中国特色重大决策制度，完善重大决策的形成机制和程序，加强决策的协商、论证、听证，发挥中国特色新型智库的作用，建立健全决策后评估和纠错机制，不断提高科学决策、民主决策、依法决策水平。要进一步提高执行力，做到言必信、行必果，有始有终，说到做到。健全督促检查、绩效考核和问责制度，确保党的路线方针政策和各项决策部署贯彻落实到位。要更好发挥党内外专门机关的监督作用，加强党内监督、民主监督、法律监督和舆论监督，完善党务政务司法和各领域办事公开制度，推进权力运行公开化、规范化，真正做到让人民监督权力，让权力在阳光下运行。

**第三，按照制约和协调原则科学配置权力**。要进一步完善党和国家领导体制，更好坚持民主集中制，充分发挥党的领导核心作用。要坚持科学执政、民主执政、依法执政，不断改进和完善党的领导方式和执政方式，进一步理顺和规范党代会、全委会和常委会之间的关系，更好发挥党代会和全委会对重大问题的决策权，党委常委会行使执行权和一般问题决定权，党的纪律检查委员会行使监督权。要坚持民主基础上的集中和集中指导下的民主相结合，既保证党和国家的团结统一和行动一致，广泛凝聚全党全社会的力量，又尊重广大党员和人民群众的主体地位，充分发挥他们的积极性、主动性和创造性。党必须按照总揽全局、协调各方的原则，在同级各种组织中发挥领导核心作用，并与人民当家作主和依法治国相统一，进一步理顺和规范党委与人大、政府、政协、司法机关以及人民团体的关系，支持和保证它们依法有效地履行职能。

**第四，明确各级党政主要领导职责权限，科学配置党政部门及内设机构权力和职能，明确职责定位和工作任务**。按照职能科学、结构优化、廉洁高效、人民满意的原则，进一步明确各级党政主要领导职责权限，合理划分、科学配置党政部门及其内设机构的权力和职能，健全部门职责和人员编制体系，做到定位准确、边界清晰，权责一致、人事相符，各司其职、各负其责，依照法定权限和程序行使权力。按照不同性质的权力由不同部门行使的原则，尽量实行决策、执行、监督职能相分离，对直接掌管人财物等高风险部门和岗位的权力进行限制，压缩和规范各种权力的自由裁量空间，从而降低权力失控乃至腐败发生的几率。按照同一件事情或同一项工作任务由一个部门负责的原则，加大机构和职责整合力度，最大限度地解决部门众多、职责分散和交叉扯皮问题。

（新华社稿）

## 如何加强和改进对主要领导干部行使权力的制约和监督？

党的十八大报告明确指出，严格规范权力行使，加强对领导干部特别是主要领导干部行使权力的监督。《决定》**再次强调，要加强和改进对主要领导干部行使权力的制约和监督**。从实践看，由于权力制约不力、监督乏力，少数主要领导干部把权力作为谋取个人利益的工具，大搞"一言堂"，甚至一手遮天。邓小平同志曾经指出，对执政党来说，党要管党，最关键的是干部问题。这确实切中了要害，而管好主要领导干部又是关键中的关键。习近平总书记在十八届中央纪委第二次全会上指出："反腐倡廉建设，必须从领导干部特别是主要领导干部抓起。主要领导干部也就是一把手，把该负的责任负起来了，把自身管好了，很多事就好办多了。"因此，必须加强和改进对主要领导干部行使权力的制约和监督，保证一把手位高不擅权、权重不谋私，切实做到为民务实清廉。

**第一，适当分解主要领导干部的权力和责任**。形成领导班子成员内部相互制约和协调的权力运行闭环系统，是对主要领导干部的权力进行制约和监督的有效方式。应按照分工负责原则来确定主要领导干部分管的事项、掌握的权力以及应负的责任，减少主要领导干部对具体事务的插手干预，降低主要领导干部对班子成员晋升时的权重。同时还要完善上级党委或纪委常委成员同下级主要领导干部谈话制度，督促他们更好地正确行使权力、发挥主要领导的作用。

**第二，要加强行政监察和审计监督**。行政监察机关要把监察监督渗透到行政管理的各个环节和层面，加强对公职人员特别是主要领导干部的廉洁教育和严格监督，深入开展执法监察、效能监察和廉政监察，推进权力依法行使和公开透明运行。审计机关要充分发挥自身熟悉财政财务工作、精通查账业务等专业优势，通过任期审计，进一步加强对主要领导干部在经济决策、经济管理和财经政策执行等方面的审计监督。行政监察和审计机关要加强协作配合，建立健全线索移送、案件协查、结果运用等资源共享机制，增强行政监察和审计的合力和效果。要前移监督关口，实施主动出击，深入到重点项目建设、公共资源配置和“三公”经费使用等腐败现象易发多发的重点领域，发现和纠正主要领导干部用权不当行为，揭露和查处违法违纪问题。要针对苗头性倾向性问题和薄弱环节，提出整改建议，推动建章立制，堵塞各种制度漏洞。

**第三，要健全群众监督、舆论监督、法律监督机制，运用和规范互联网监督**。领导干部手中的权力都是人民赋予的，必须受到人民群众的监督。从本质上讲，舆论监督是人民群众行使监督权的一种直接方式，具有其他监督手段无可替代的作用。各级领导干部特别是主要领导干部要自觉接受群众监督和舆论监督，真诚欢迎各方面的意见和批评。要创造条件、拓宽渠道方便群众监督，坚决消除各种人为障碍，严肃惩处打击报复行为，切实保障人民群众的知情权、参与权、表达权、监督权。法律监督是促使领导干部依法行使权力的重要保证。要支持人大及其常委会通过询问、质询、执法检查、听取和审议工作报告等方式行使监督职权，支持司法机关独立公正地行使检察权和审判权，最大限度减少主要领导干部失职渎职、滥用职权等行为的发生。

当前，随着互联网尤其是移动互联网的快速发展以及微博、微信等通信手段的广泛应用，网络舆论监督在社会生活中发挥着越来越重要的作用。要高度重视运用和规范互联网监督，建立健全网络舆情收集、研判、处置机制和引导、反馈、应对机制，对反映领导干部违纪违法问题的要及时调查处理，对反映失实的要及时澄清，对诬告陷害的要追究责任。同时，要加快互联网监督的法治建设进程，对制造和传播网络谣言的行为依法加以打击，推动网络监督走上法治化、规范化轨道，不断提升网络监督的正能量。

（新华社稿）

# 如何进一步完善党务、政务和各领域办事公开制度？

民主的基础是公开，公开是监督的重要条件。党的十八大报告明确指出，推进权力运行公开化、规范化，完善党务公开、政务公开、司法公开和各领域办事公开制度。《决定》强调，**完善党务、政务和各领域办事公开制度，推进决策公开、管理公开、服务公开、结果公开**。这就要求我们不断扩大党内外民主，进一步完善党务公开、政务公开和各领域办事公开制度，让权力在阳光下运行。

**第一，建立权力清单制度和公开权力运行流程**。权力公开透明运行的前提是依法确权，关键是固化和公开流程。一是推行地方各级政府及其工作部门权力清单制度。要严格按照宪法、相关组织法、行政许可法和行政处罚法等法律法规的要求，对各级各部门的权力进行审核确认，对超越法律法规范围的权力坚决依法予以取消，对不符合法律法规要求的权力坚决予以调整；要按照简政放权的精神，该削减的削减，该限制的限制，该下放的下放，在此基础上制定并向社会公布权力清单。二是依法规范并公开权力运行流程。要遵循权力运行的一般规律，坚持减少层次、优化流程、提高效能、方便办事原则，依法公开省、市、县、乡政府及其行政首长以及县级以上人民政府工作部门及其负责人的行政决策权、审批权、执法权等职责权限、法律依据、法定程序，制成表格和权力运行流程图向社会公布，促使隐性权力公开化、显性权力规范化。

**第二，加强党务、政务和各领域办事公开**。坚持公开是原则、不公开是例外，凡是经济社会发展重大事项、群众普遍关注事项、涉及群众切身利益事项、容易发生腐败问题领域和环节的事项，都要做到及时公开，提高权力运行的透明度。一要加强党务公开。全面推进党的基层组织党务公开，深入开展县委权力公开透明运行试点工作，以党务公开带动和促进政务、司法、厂务、村（居）务以及公共事业单位办事公开。二要加强政务公开。认真落实政府信息公开条例，深化财政预算决算、部门预算决算、重大建设项目和社会公益事业等信息公开。三要加强各领域办事公开。企事业单位、群团组织、社会中介组织等，特别是教育、医疗、通信、电力等公共服务单位，都要结合行风治理，进一步深化公开工作。四要积极推行公开承诺、公开述职、民主评议、听证质询等制度，深入开展民主评议政风行风活动，办好政风行风热线，让群众参与，请群众评判，充分发挥人民群众的积极作用。

**第三，实施决策公开、管理公开、服务公开、结果公开**。公开内容要突出重点，挤干水分，拎出干货，让群众听到最想听的、看到最想看的、了解到最想了解的。要增强公共政策制定的透明度和公众参与度，把公众参与、专家论证、风险评估、合法性审查和集体讨论决定作为必经程序加以规范。要健全行政管理公开制度，对群众关心关切的行政许可、行政处罚、行政收费、行政征收征用等执法活动实施公开，促进行政权力公开透明运行。要完善服务公开制度，凡是涉及群众切身利益的环境保护、征地拆迁、食品药品安全、公共卫生事件、价格和收费等重点领域，都要及时发布权威、准确信息。决策是否落实，执行是否完毕和不走样，关键要看结果。结果不仅是判断群众利益是否得到保障的重要因素，也是判断权力行使是否得当的重要方面。所以，办事结果不公开，只是看决策、看过程，也难以保证结果的公正公平和实效性。要进一步强化结果公开，采取各种措施，确保办事结果公开的完整性和真实性，提高人民群众的满意度。

**第四，推进权力公开信息化建设**。在网络时代推进党务、政务和各领域办事公开，只有善用信息化手段，才能牢牢把握工作的主动权。要加快推进电子政务建设，特别是建设更加完善的电子监察系统。运用“制度加科技”手段，把风险防控的关键节点和要求内嵌到审批、监管等平台中，推动权力网上公开透明运行，使权力运行全程留痕，可视、可控、可查、可纠，压缩暗箱操作和权力滥用、私用的空间，让阳光照进权力行使的每一个角落。

（新华社稿）

# 如何进一步健全反腐倡廉法规制度体系？

《决定》专门就健全反腐倡廉法规制度体系提出了明确要求，体现了必须用法治思维和法治方式反对腐败的理念。这些年来，我们高度重视反腐倡廉法规制度建设，取得了很大成绩，但还存在不少问题和不足。比较突出的问题是：适应新形势下反腐倡廉要求的法规制度体系还不健全，有的法规制度缺乏相应的配套和细化措施，有的法规制度内容落后于实践，许多好的法规制度落实不到位，没有发挥出应有的作用。法规制度建设仍然是深入开展反腐倡廉工作必须着力解决好的重大课题和紧迫任务。

坚持用法治思维和法治方式反对腐败，使反腐败走向规范化、制度化，这是我们党反对腐败、建设廉洁政治的根本方向。要紧紧围绕加强对权力的制约和监督这个核心，抓住当前腐败现象易发多发的关键环节，结合落实《建立健全惩治和预防腐败体系 2013－2017 年工作规划》，研究论证以惩治和预防腐败为统领的法规制度体系，采取先易后难的方法，切实加强党内法规制度体系建设和反腐败国家立法，成熟一个出台一个，逐步形成内容科学、程序严密、配套完备、有效管用的反腐败法规制度体系，使反腐倡廉工作有法可依，不断提高反腐败法治化水平。

**第一，建立健全廉政风险防控制度**。要针对重点对象、重点领域和关键环节，逐步建立健全风险预警、纠错整改、内外监督、考核评价和责任追究机制，形成一整套行之有效的廉政风险防控制度体系。

**第二，健全防止利益冲突制度**。要进一步完善市场机制，重点解决公共资源配置、公共资产交易、公共产品生产等领域中利益冲突问题。要进一步完善利益冲突回避制度，重点完善公务回避、任职回避、地域回避制度；进一步完善并严格执行公职人员行为限制和领导干部亲属经商、担任公职和社会组织职务等相关制度规定，防止领导干部利用公共权力或自身影响为亲属和其他特定关系人谋取私利。

**第三，着力健全领导干部报告个人有关事项等制度**。推行新提任领导干部配偶子女从业、财产、出国（境）等有关事项公开制度的试点，抓紧制定领导干部个人有关事项报告抽查核实办法，加强报告核查结果的运用和违规惩戒力度；建立健全对国家工作人员配偶子女移居国（境）外的管理制度，制定配偶移居国（境）外的国家工作人员任职岗位管理办法，强化对党员、干部特别是领导干部的监督。

**第四，加强反腐败国家立法**。一要把那些经过实践检验、适应形势发展的党纪政纪规定和行政规章上升为法律法规，尽快形成较为完整的反腐倡廉法规制度体系。对现有的法规制度，过时的要及时废止，不完善的要适时修订完善，需要细化的要尽快制定实施细则，需要制定配套制度的要抓紧制定。二要不断完善惩治和预防腐败的各项专门法律法规。要健全腐败案件揭露、查处机制，畅通来信来访和网络等各种信访举报渠道，完善保护证人、举报人制度；完善惩治贪污贿赂和渎职侵权犯罪法律法规，对腐败实行零容忍政策；规范国家工作人员从政行为方面的法律规定，健全完善防止利益冲突法律法规，着力整合预防腐败各项法规制度；开展反腐败国际合作，完善反洗钱法律法规，健全防范腐败分子外逃和追逃追赃机制，逐步形成与坚决惩治腐败和有效预防腐败要求相适应的法律法规体系。

反腐倡廉法规制度建设是动态的、发展的、开放的过程，必须适应世情、国情、党情的发展变化不断完善和创新。要不断深化对新形势下反腐倡廉法规制度建设特点和规律的认识，实现法规制度工作理念、思路、方法与机制的与时俱进。要坚持科学立法、民主立法，全面提升反腐倡廉法规制度工作质量。要切实提高反腐倡廉法规制度执行力，建立健全保障机制，严肃查处违反法规制度的行为，让法规制度刚性运行。

（新华社稿）

# 如何加强反腐败体制机制创新和制度保障？

**《决定》明确提出，要改革党的纪律检查体制，健全反腐败领导体制和工作机制，加强反腐败体制机制创新和制度保障，加强党对党风廉政建设和反腐败工作统一领导**。这是为了更好适应党风廉政建设和反腐败工作需要而提出的重大改革。

**第一，要改革和完善各级反腐败协调小组职能**。总的原则是更加充分地体现党的领导作用和纪委的组织协调作用，充实与反腐败工作紧密相关的部门作为成员单位，进一步明确应当履行的具体职责，形成健全规范有序的工作模式，以更有效地整合各方面的反腐败力量。

**第二，要强化上级纪委对下级纪委的领导**。《决定》把推动党的纪律检查工作双重领导体制具体化、程序化、制度化，作为深化改革的主要内容。一是《决定》明确规定："查办腐败案件以上级纪委领导为主，线索处置和案件查办在向同级党委报告的同时必须向上级纪委报告。"掌握案件线索和查办腐败案件是反腐败工作的核心内容。如果案件线索处置和查办必须同时向上级纪委报告，那么就对同级党委主要领导形成制约，这样就有利于更深入地开展反腐败斗争，打击腐败犯罪。二是《决定》明确规定"各级纪委书记、副书记的提名和考察以上级纪委会同组织部门为主"。这是加强反腐败体制机制创新、强化上级纪委对下级纪委领导的重要举措。纪委书记、副书记是一级纪委的主要领导，承担着一个单位纪律检查工作的主要领导责任。他们的提名和考察以上级纪委会同组织部门为主，有利于强化他们同上级纪委的沟通和联系，有利于他们更加负责地发挥职能作用，为各级纪委协助党委加强党风建设和组织协调反腐败工作、更好行使党内监督权，提供了有力的体制保障。

**第三，要强化纪委的派驻监督**。根据党章规定和反腐败斗争形势任务要求，《决定》提出："全面落实中央纪委向中央一级党和国家机关派驻纪检机构，实行统一名称、统一管理。派驻机构对派出机关负责，履行监督职责。"这是党内监督体制的重大改革。改革的主要内容有这样几个方面。一是全面派驻。原来中央纪委主要在政府部门设置派驻机构，在党务部门除个别的以外没有设派驻机构。今后，按照权力都要受到制约和监督的原则，中央纪委向中央和国家机关都要派驻纪检机构。二是派驻机构对派出机关负责。派驻纪检组长继续担任驻在部门党组成员，只履行监督职责，不参与驻在部门业务分工，不从驻在部门产生。三是各项工作保障由驻在部门负责，工作经费应列入驻在部门预算。

**第四，要强化纪委的巡视监督**。《决定》提出："改进中央和省区市巡视制度，做到对地方、部门、企事业单位全覆盖。"这也是党内监督体制的重大改革。改革的主要内容有这样几个方面。一是全面覆盖。对所有地方、部门、企事业单位都应当进行巡视，以发现问题，形成震慑。二是抓好重点。要围绕党风廉政建设和反腐败工作这个中心进行，无论是谁，包括中央政治局委员兼任地方党委书记的同志在内，都在巡视监督的范围之内。三是发现问题。要着力发现领导干部是否存在违纪违法、违反八项规定、违反政治纪律、选人用人不正之风等问题，真正做到早发现、早报告，促进问题解决，遏制腐败发生。

（新华社稿）

# 如何进一步健全改进作风常态化制度？

《决定》结合中央八项规定的落实情况，明确提出要加快体制机制改革和建设，进一步健全改进作风的常态化制度，展现了党中央狠抓作风建设、巩固转变作风成果的坚定决心，对人民群众期盼优良党风政风长期保持下去的呼声进行了积极回应。

具体要做好以下几个方面的工作：

**第一，健全领导干部带头改进作风、深入基层调查研究机制，完善直接联系和服务群众制度**。要建立健全领导干部作风建设责任制，督促领导干部带头改进作风、联系群众，坚持一级做给一级看，一级带着一级干，用做出样子代替喊破嗓子，切实发挥示范引领作用。要建立健全领导干部深入基层调查研究机制，引导领导干部自觉到群众中去，坚持问政于民、问需于民、问计于民，认真听取群众的意见和建议，按照群众意愿改进工作，着力解决人民群众反映强烈的突出问题。要完善直接联系和服务群众制度，广泛开展干部下基层活动，帮助群众解决生产生活中的实际问题，实现干部联系群众的常态化。

**第二，改革会议公文制度，着力改进会风文风**。各地区各部门要按照中央的要求，进一步改革会议公文制度，坚决杜绝文山会海。要完善会议管理制度，严格会议审批，切实减少会议活动，控制会议规模、时间、经费，提高会议效率。要改进公文制度，控制发文规格，压缩文件数量，倡导清新文风。要通过改进会风文风，引导领导干部把主要精力集中到讲求工作实效，降低行政成本，提高办会、办文和办事效率上来，坚决克服形式主义和官僚主义。

**第三，健全严格公开的财务预算、核准和审计制度，着力控制“三公”经费支出和楼堂馆所建设**。要加强“三公”经费预算编制与支出管理，加强“三公”经费审批、指标控制和报销管理，稳步推进“三公”经费支出公开，严格控制和压缩“三公”经费。要严格执行中共中央办公厅、国务院办公厅《关于党政机关停止新建楼堂馆所和清理办公用房的通知》，加强对楼堂馆所建设资金的财政财务管理，严格预算审核、资金使用监督和决算审批，把好楼堂馆所建设的资金关。要健全审计监督制度，加强“三公”经费和楼堂馆所建设经费使用和支出结构、数额、比例的监管，督促被审计单位强化内部控制和财务管理，切实发挥审计“免疫系统”作用。

**第四，完善选人用人专项检查和责任追究制度，着力纠正跑官要官等不正之风**。要进一步严明组织人事纪律，健全干部选拔任用监督机制，实行选人用人严重违纪问题专项检查制度，加大对违规用人问题的查处力度，对跑官要官的，发现一起，查处一起。要建立倒查机制，按照《党政领导干部选拔任用工作责任追究办法》及相关规定，对违规失职者严格进行责任追究，坚决遏制选人用人上的不正之风。要继续深化干部人事制度改革，强化显规则，遏制潜规则，打破关系网，不断提高选人用人公信度。

**第五，改革政绩考核机制，着力解决“形象工程”、“政绩工程”以及不作为、乱作为等问题**。要坚持正确的政绩考核导向，引导领导干部坚持科学发展观，树立正确的政绩观，进一步推动作风转变。要完善政绩考核评价体系，坚决破除唯生产总值的政绩导向，把民生改善、社会进步、生态效益、作风转变等指标和实绩作为重要考核内容，从“德、能、勤、绩、廉”全方位考评领导干部，既看能力又看作风，既看发展又看基础，既看显绩又看潜绩。要健全民主考评机制，把群众满意度作为考评干部的重要标准，真正实行“问绩于民”。同时要真正用好问责制度，对不作为、乱作为行为造成恶劣影响、导致严重后果的，必须坚决追究责任。

（新华社稿）

# 如何更好规范并严格执行领导干部工作生活保障制度？

**《决定》明确提出要“规范并严格执行领导干部工作生活保障制度”，具有极强的针对性**。这也是在新形势下改进党的作风，坚决反对特权思想和作风的重要内容。

**第一，着力消除领导干部特权思想和作风**。要加强对党员干部的思想道德、党性修养和法律法规教育，进一步树立为民务实清廉的群众观，树立人人平等的社会价值观，树立吃苦在前、享受在后的艰苦奋斗思想，切实做到与人民群众打成一片，团结和带领人民群众共同奋斗。通过开展专项治理，逐步消除领导干部职务消费过高、享受待遇过多过高、利用职权为亲属或身边人员谋利、凌驾于法律制度和组织之上等特权作风。

**第二，统筹制定领导干部工作生活待遇标准，包括离职退休后待遇标准**。规范领导干部工作生活保障制度，当务之急是要按照中央的要求，抓紧制定出台领导干部办公用房、住房、配车、秘书配备、警卫、公务接待、福利、休假等工作生活待遇标准，以确定相应级别的领导干部能够享受哪些待遇以及何种程度的待遇，切实做到有章可循、有规可依。

**第三，严格执行领导干部工作生活保障制度**。要严格执行领导干部住房待遇标准和相关政策，不准多处占用住房。严格执行办公用房配备使用标准，不准超标准配备和装修办公用房，领导干部在不同部门同时任职的，应在主要工作部门安排一处办公用房，其他任职部门不再安排办公用房；领导干部工作调动的，由调入部门安排办公用房，原单位的办公用房不再保留；领导干部已办理离退休手续的，原单位的办公用房应及时腾退。严格执行领导干部专车、相对固定用车和机关工作用车配备、购置、使用的具体规定，不准违规超编制超标准配备公车，不准违规使用军车、警车牌照和警灯、警笛等装置，严禁公车私用。领导干部调动，其所配专车或相对固定用车必须留在原单位。严格执行领导干部秘书配备规定，领导干部要尽量亲自处理有关工作事务，不得随意配备秘书工作人员特别是配备专职秘书。严格按照相关规定部署组织警卫工作，不得违反规定扩大警卫范围，不准超规格进行警卫，公务活动现场尽量减少交通管制，减少扰民。严格执行公务接待各项规定，不准超标准进行公务接待，严禁以各种名义用公款互相宴请、安排高消费娱乐活动、赠送礼品和变相旅游。要加强日常监督，对领导干部住房、办公用房、公车、公务接待等实行集中统一管理，将保障领导干部待遇所需经费逐步列入财政预算，以预算改革推动领导干部待遇标准的严格执行。

**第四，探索实行官邸制等改革措施**。官邸制的主要含义是，为高级干部配置官邸，其配偶及子女可以在高级干部任职期间一起居住；一旦该高级干部离开岗位，该高级干部和配偶子女均应及时腾退，由下一任高级干部居住。与官邸制相配套的还有异地任（挂）职领导干部“周转房制度”，即为从异地交流任职且本地无住房的领导干部配置公有的、不得由个人买卖的周转房，领导干部所住的周转房离任时必须及时清退。

**第五，严肃查处领导干部违反规定超标准享受工作生活待遇等问题**。要加强对领导干部工作生活保障制度执行情况的监督检查，切实解决违反规定和超标准享受待遇的各种问题。对违反规定的要责令整改，对情节严重的要严肃处理并予以通报，对有令不行、有禁不止的，要严肃追究领导责任。

（新华社稿）

# 如何进一步落实党风廉政建设责任制？

《决定》强调：**“落实党风廉政建设责任制，党委负主体责任，纪委负监督责任，制定实施切实可行的责任追究制度。”**这为我们进一步强化党风廉政建设责任制，更好实施责任追究指明了方向。

当前党风廉政建设责任制面临一些亟待解决的问题，比如，一些地方和部门的领导班子和领导干部，对执行党风廉政建设责任制的重要性认识不足，一般性的、总体性的要求多，具体的、可操作性的举措少，致使工作流于形式，没有落到实处；一些地方和部门对落实党风廉政建设责任制责任分解不够明确，检查考核不够深入，责任追究不够严肃，有不少地方和部门甚至没有真正追究过责任，等等，严重影响了党风廉政建设责任制的实效性和权威性。

**有权就有责，权责要统一。各级党委必须切实担负起全面领导党风廉政建设和反腐败工作的主体责任**。各级领导班子要对职责范围内的党风廉政建设负全面领导责任，班子主要负责人要认真履行好第一责任人的职责，班子其他成员要根据工作分工，对职责范围内的党风廉政建设负起主要领导责任，切实做到“一岗双责”。各级领导干部既要以身作则，严格遵守廉洁从政各项规定；又要敢抓敢管，切实抓好职责范围内的党风廉政建设和反腐败工作。要把贯彻党风廉政建设责任制的情况作为民主生活会和述职述廉的重要内容，并在一定范围内开展评议，以此督促领导干部切实负起责任。如果发现领导班子和领导干部在重大问题上有失职等领导责任问题，就要采取倒查的办法予以追究，绝不能以集体名义敷衍了事。

**各级纪委作为党内监督的专门机关，必须认真履行好监督责任**。要坚持在党委的领导下开展工作，积极协助党委开展对党风廉政建设责任制执行情况的检查考核，并把检查考核结果作为对领导班子总体评价和领导干部业绩评定、奖励惩处、选拔任用的重要依据。要深入开展党风廉政建设责任制的专题调研，找准存在问题，进一步修订完善相关规定，制定切实可行的责任追究制度。要铁面执纪，严肃责任追究，在这方面要抓住典型。对职责范围内的党风廉政建设和反腐败工作有问题也不报告、不反映，敷衍塞责、不抓不管，造成不良后果和恶劣影响的，要依照《关于实行党风廉政建设责任制的规定》，该组织处理就组织处理，该纪律处分就纪律处分，不能下面问题成串还熟视无睹。要突出责任追究的重点，对不认真履行反腐倡廉职责，导致本地区、本单位屡屡出现重大腐败问题的；对违反《党政领导干部选拔任用工作条例》，造成用人失察失误和不良影响的，都要严肃追究责任。要适时对责任追究方面的典型案例进行通报，增强责任制的威慑力。

**对具体的责任行为进行“签字背书”，是强化责任主体认真履职、敢于担当、落实责任的有效举措**。由领导责任人和监管责任人在具体责任行为报告上签名后上报，以利监督和责任的担当。出了问题，还有倒查机制，还要被追究。实施责任追究应该终身追究，无论领导干部工作岗位或者职务有什么样的变动，该追究责任的都要追究。实施责任追究，要实事求是，区别对待，分清责任，对于出现的违纪问题，要弄清楚是领导干部主动发现并坚决查处的或积极支持配合有关部门查处的，还是有失职渎职情节甚至故意掩盖、袒护违纪问题的，前者不承担领导责任，后者必须承担领导责任。

（新华社稿）

# 为什么要实行管人管事管资产管导向相统一？

随着文化体制改革深入推进和文化产业快速发展，文化企事业单位占有和使用的国有资产总量迅速增加，管理任务也越来越繁重，特别是经营性文化事业单位已经基本完成转企改制任务，依托资产管理、行使出资人权利，已成为党委和政府加强对文化企业干部管理、导向管理的法理依据，成为确保文化企业坚持把社会效益放在首位、实现社会效益与经济效益相统一的制度保障。《决定》**明确提出，“建立党委和政府监管国有文化资产的管理机构，实行管人管事管资产管导向相统一”**。

**第一，这是新形势下创新党对宣传文化领域管理的需要**。国有文化资产是重要的宣传文化资源，是推动社会主义文化大发展大繁荣的重要基础和保障。在经营性文化事业单位大批转制为企业、建立现代产权制度和现代企业制度以后，行政隶属关系逐步弱化，直接行政管理受到制约，党对文化企业行使重大事项决策权、资产配置控制权、宣传业务终审权和主要领导干部任免权，必须依托资产管理和出资人权利。坚持和改进党的领导，确保文化企业正确导向和经营方向，要求我们尽快探索建立一套适合中国国情、与社会主义市场经济体制相适应、与宣传文化工作特点相协调的新型国有文化资产管理体制，做到既放得开、又管得住。

**第二，这是进一步深化文化行政管理体制改革的需要**。转变政府职能，逐步实行政企分开、政事分开、政资分开和管办分离，是行政管理体制改革的基本方向和重要任务。同时，书报刊和电台电视台等新闻出版单位必须有符合资质要求的主管主办单位，具体负责管导向、管干部、管资产。迫切需要通过国资管理体制改革，探索建立主管主办制度与现代企业出资人制度有机衔接的工作机制，推动管人、管事、管资产、管导向相结合，权利、义务、责任相统一。

**第三，这是完善和规范现行国有文化资产管理的需要**。长期以来，国有文化资产管理体制不顺、权责不明。对此，2005 年《中共中央国务院关于深化文化体制改革的若干意见》明确提出："按照权利、义务和责任相统一，管资产和管人、管事相结合的要求，抓紧制定《国有文化资产管理办法》，加强对国有文化资产的监督管理。"只有加强对文化领域国有资产监管体制改革的宏观指导，尽快明确改革的总体要求、基本原则、具体监管方式，确保监管规范到位，才能更好地保证国有文化资产保值增值、保证文化企业把握正确导向和履行社会责任。

**第四，这是培育国有骨干文化企业和战略投资者，增强国有经济活力、控制力、影响力的需要**。只有建立新型国有文化资产管理体制，打破政资不分和部门分割，清晰产权关系，明确出资人职责，加强对国有文化资产的社会效益与经济效益综合考核，才能有效推动和实现国有文化资源的优化配置，整合资源，强化管理，解决国有文化资产结构失衡、效益不高等问题，更好地引导文化产业发展。

总之，文化产业既有商品属性、经济属性等一般属性，又有意识形态属性的特殊性，既涉及经济基础又涉及上层建筑，加强国有文化资产管理既是政府部门的事情又是党委的重要工作。必须进一步总结实践经验，创新文化管理，在有关法律法规和政策框架内，建立党委和政府监管国有文化资产的管理机构，建立健全管人管事管资产管导向相结合的国有文化资产管理体制。

（新华社稿）

# 为什么要形成正面引导和依法管理相结合的网络舆论工作格局？

近年来，互联网迅速发展、广泛普及，不断催生出新的文化生产和传播方式，日益大众化、媒体化，发挥着积极的思想动员和社会动员作用，同时客观上也成为各种利益诉求的集散地，成为各种思想文化交汇和意识形态较量的重要平台。社会各界对进一步加强网络舆论引导工作提出强烈要求。《决定》**提出必须“形成正面引导和依法管理相结合的网络舆论工作格局”**。

**第一，互联网特殊重要的地位作用和互联网舆论生态的异常复杂，要求切实加强对网络舆论的引导。**互联网等信息网络迅猛发展，不仅成为我国经济社会运行的重要基础设施，而且成为影响巨大的新兴媒体。建设好、利用好、管理好互联网，加强对网络舆论的引导，对于充分发挥互联网促进经济社会发展的积极作用，维护改革发展稳定大局，确保国家长治久安具有极其重要的意义。

特别是互联网的广泛应用，正在重塑媒体格局、舆论生态，论坛、博客、微博、微信等网络传播，打破了传统媒体自上而下的单向传播方式，使网络成为兼具信息发布功能、舆论传播功能、社会动员功能的聚合器。各种思想舆论都在网上相互叠加，如何有效管控其负面影响，难度明显加大。同时，美国等西方国家鼓吹所谓的“网络自由”，借助互联网进行价值观渗透。能否管好用好互联网、切实改善网络舆论生态，已成为维护意识形态安全和国家文化安全的重大课题。

**第二，国内经济社会转轨转型日益加快、思想情绪变化更加复**

**杂，要求在网络舆论工作中坚持团结稳定鼓劲、正面宣传为主**。我国已进入全面建成小康社会决定性阶段，世情、国情、党情继续发生深刻变化。利益主体日益多元，利益冲突时有出现，各种思想文化相互影响、相互激荡，社会不良情绪，心理失衡增多，维护社会和谐、化解矛盾冲突的任务越来越重，引领社会思潮、形成良好风尚的任务越来越重。这就要求我们必须进一步健全坚持正确舆论导向的体制机制，始终牢牢把握正确导向，引导社会热点，疏导社会情绪、壮大主流思想舆论，不断巩固马克思主义在意识形态领域的指导地位，巩固全党全国各族人民团结奋斗的共同思想基础。

**第三，互联网越来越强的现实化特征和依法治国的全面推进，要求在网络舆论工作中进一步加强依法管理**。依法加强互联网监管，是国际上通行做法，也是我们规范网络传播秩序、加强网络舆论引导的重要经验。互联网并不是虚拟世界，对现实生活的影响无处不在、无时不在。对很多人来说，工作学习、沟通交流、文化娱乐，都越来越离不开互联网。同时必须清醒看到，一些别有用心的人利用互联网的开放性和匿名性的特点，肆意开展网络欺诈、造谣传谣、恶意诽谤和传播淫秽色情信息等违法违规活动，危害社会公共秩序，威胁青少年健康成长，成为社会的一大公害。对此，广大群众和社会各界反映十分强烈，强烈要求党和政府依法坚决进行整治。这就要求我们全面落实互联网“积极利用、科学发展、依法管理、确保安全”十六字基本方针，抓紧完善互联网管理法律法规，依法加强网络管理，健全基础管理、内容管理、行业管理以及网络违法犯罪防范和打击等工作联动机制，健全网络突发事件处置机制，重视新型媒介运用和管理，保护公民个人信息，加大对网上有害信息、网络谣言的整治力度，严密防范和遏制网上攻击、渗透行为，推进网络依法规范有序运行，使我们的网络空间清朗起来。

（新华社稿）

# 为什么对按规定转制的重要国有传媒企业探索实行特殊管理股制度？

进一步深化文化体制改革，要求我们加快国有文化企业的公司制、股份制改造，完善法人治理结构；要求我们创新投融资体制，支持国有文化企业吸引社会资本进行股份制改造；要求我们培育一批核心竞争力强的国有或国有控股大型文化企业或企业集团，在发展产业和繁荣市场方面发挥主导作用。对此，有必要确定一批重要国有传媒企业进行试点，探索实行特殊管理股制度，就是通过特殊股权结构设计，使国有股在融资过程中始终能够保有最大的决策权和控制权。

**第一，探索实行特殊管理股制度，是积极稳妥地推进重要国有传媒企业股份制改造的重要要求**。党的十六大以来，文化体制改革全面展开、不断深化，出版、发行、影视、演艺等行业经营性文化单位已经基本完成转企工作。转企是经营性文化单位深化改革、走向市场的第一步，真正成为合格的市场主体，还要加快公司制、股份制改造，完善法人治理结构，建立健全符合现代企业制度要求、体现文化企业特点的资产组织形式和经营管理模式，始终将社会效益放在首位，实现社会效益与经济效益的有机统一。特别是出版社、非时政类报刊社、重点新闻网站等国有传媒企业，担负着更多的舆论引导责任，必须坚持党管媒体原则，坚持主管主办制度，坚持正确经营方向，依法掌握和行使对企业重大事项决策权、资产配置控制权、宣传业务终审权、主要领导干部任免权。对重要国有传媒企业探索实行特殊管理股制度，就是确保党和政府对重要国有传媒企业绝对控制力的有效方式。

**第二，探索实行特殊管理股制度，是整合利用各种资源、做大做强重要国有传媒企业的重要途径**。由于文化单位自身的特点和传统体制的影响，国有传媒企业往往底子较薄、自有资金和固定资产较少，单凭自身积累很难迅速扩大规模实力，也无法满足发展新型文化业态对资金、技术的需求，更难以与境外跨国媒体集团相抗衡。探索实行特殊管理股制度，能够扬长避短，既充分利用资本市场，又牢牢掌握国有资本主导权，真正推动重要国有传媒企业在市场竞争中迅速壮大，更好发挥其主流舆论影响力。

**第三，探索实行特殊管理股制度，是借鉴国际有益做法的积极尝试**。以优先股为代表的特殊管理股制度，在发达国家的资本市场中具有非常重要的地位。2002 年美国标准公司法和 2006 年英国新公司法，都允许实行“类别股份制度”，特定股东在股息、表决以及清算等方面享有特别权利。美国纽约时报、华盛顿邮报、华尔街日报和英国每日邮报、每日电讯报等上市报企，都采取了双重股权制度，防止恶意收购，避免股市短期波动对报业的过多影响，确保创办报企家族始终保有最大的决策权和控制权，保持自身办报特色。在这方面，我国公司法规定，“国务院可以对公司发行本法规定以外的其他种类的股份，另行作出规定”，从而对实施类别股份和特殊管理股制度，留有政策空间。

（新华社稿）

# 如何完善文化经济政策？

文化经济政策是对支持文化改革发展有关经济政策的统称。它是文化宏观管理的重要手段，也是文化繁荣发展的有力保障。《决定》**在健全现代文化市场体系中，突出强调要“完善文化经济政策”**。

文化经济政策是与社会主义市场经济的提出和逐步确立相伴生的。总的看，文化经济政策基本与文化建设进程相适应，内涵和范围不断丰富和拓展，逐步涵盖推动文化体制改革、促进文化事业和文化产业发展等方方面面。

当前，文化改革发展已经进入了一个新阶段，落实和完善文化经济政策面临新要求。一是政府职能加快转变，推动文化改革发展必须由以行政手段为主向综合运用经济、法律、科技、行政等多种手段转变，迫切需要一套更为完备的文化经济政策来实现文化改革发展目标。二是人民精神文化需求多样化多层次多方面的特点日益明显，消费结构加快升级，社会投资需求空前旺盛，市场主体日益复杂，迫切需要运用经济杠杆调节文化生产、拉动文化消费、激发和引导社会文化创造热情。三是新型文化业态迅猛发展，文化传播方式更加多样，迫切需要现有政策向新闻网站、移动多媒体等领域延伸拓展，加强引导和扶持。四是国际文化贸易竞争日趋激烈，迫切需要研究利用世贸组织有关规则，不断调整政策扶持方式，更好地推动中华文化走出去。

完善文化经济政策要坚持把社会效益放在首位，坚持社会效益和经济效益有机统一，遵循文化发展规律，适应社会主义市场经济发展要求，确保具体政策措施相互匹配、良性互动。

**第一，对当前行之有效的文化经济政策进行延续和规范**。在以往工作实践中，已经形成了一系列行之有效的政策措施。如，通过宣传文化专项资金、文化事业建设费和出版基金、电影基金等鼓励和调节文化创作生产，鼓励各类文化机构参与提供公共文化产品和服务，对转制中涉及的企业所得税、增值税等给予减免等。这些政策要继续保留，并切实加以落实。对一些成熟的现有政策，要及时将其上升为法律法规，提高政策约束力、增强权威性。

**第二，对不适应实际需要的原有文化经济政策及时进行修订和完善**。一方面，适应文化体制改革深入推进、经营性事业单位基本完成转企改制的新情况，对原有文化事业单位的一些规定作出必要的调整修改。另一方面，适应社会主义市场经济体制不断完善、财税体制等各方面改革日益深化的新形势，与完善多层次资本市场的要求相衔接，开发符合文化企业特点的金融产品和服务模式，拓宽文化产业投融资渠道。

**第三，探索推动文化经济政策创新**。学习国外促进文化发展的有益经验，借鉴其他行业改革发展的有效政策，突出文化领域特点，既要支持生产、销售等产业链中间环节，也要扶持引导文化内容创意研发和提高文化消费在社会总消费中的比重；既要扶持国有文化企业发展，也要落实非公有制资本平等待遇；既要培育一批核心竞争力强的大型文化企业或企业集团，也要促进小微文化企业发展；既要推动传统文化产业转型升级，也要促进文化产业与旅游、体育、信息等产业融合，加快发展新型文化业态；既要关注文化企业利润指标，更要强化其社会责任和文化导向要求，通过政策创新进一步形成文化领域宏观调控目标和政策手段的机制化。

（新华社稿）

## 为什么要统筹服务设施网络建设，促进基本公共文化服务标准化、均等化？

加强公共文化服务是实现人民基本文化权益的主要途径，公共文化服务设施网络是公共文化服务的主要载体和阵地。《决定》**明确提出：“统筹服务设施网络建设，促进基本公共文化服务标准化、均等化。”**

**第一，这是解决当前公共文化服务面临突出问题的迫切需要**。党的十六大以来，中央高度重视公共文化服务体系建设，大力推进重点文化惠民工程，文化民生得到更好保障和改善。2012 年，全国广播、电视节目综合人口覆盖率分别达 97.5％、98.2％，基本实现每个乡镇和社区有综合文化站、村村有农家书屋，保证每个行政村每月免费放映一场电影，公共博物馆、文化馆、图书馆、纪念馆、美术馆和爱国主义教育示范基地实现免费开放。同时，依然存在公共文化服务资源分散、低水平重复和分布不均衡、区域差别较大等不容忽视的问题。公共文化服务体系要有效运转、真正惠及群众，必须加强跨部门统筹协调，建立健全公共文化服务指标体系和考核评价办法，科学布局、合力推进。

**第二，这是推动实现城乡文化一体化发展的有力举措**。党的十七届六中全会通过的《中共中央关于深化文化体制改革推动社会主义文化大发展大繁荣若干重大问题的决定》明确指出，增加农村文化服务总量，缩小城乡文化发展差距，对推进社会主义新农村建设、形成城乡经济社会发展一体化新格局具有重大意义。党的十八大进一步提出了基本建成覆盖城乡、惠及全民的公共文化服务体系的战略任务。实现这一目标，当前的重点和难点在农村、在中西部，特别是贫困地区。近年来，农村文化建设取得积极进展，农民群众文化生活得到较大改善，但总体上城乡公共文化发展水平差距仍然较大，公共文化基础设施落后，文化活动相对贫乏，文化数字鸿沟在扩大。让广大农民群众既过上殷实富足的物质生活、又享有健康丰富的精神文化生活，就要重视解决城乡文化发展不平衡的问题，加快形成文化服务均等享受、文化发展同步推进的城乡文化一体化发展格局。

**第三，这是更好满足群众精神文化需求的有效途径**。随着我国城乡居民收入迅速增长，公众受教育水平不断提高、闲暇时间不断增多，实现和维护自身文化权益的意识更加高涨，对公共文化服务的期待和要求也越来越高。相形之下，现有公共文化服务供给模式供需矛盾和“结构性短缺”还比较突出。群众对图书和电影有着潜在需求，但一些地方提供的书籍看不懂用不上、片子过时老化。农民对看地方戏有着企盼，但大多未纳入公共文化服务范围。对传统的民俗文化有着深厚情怀，但在城镇化和农村社区化改造中，古朴民风和文化印迹在消失，维系乡村社会和谐稳定的文脉在断裂。这些都对现有的公共文化建设、管理和运行模式提出新的课题。这就要求我们按照全覆盖、保基本、促完善、可持续的要求，建立公共文化服务体系建设协调机制，建立群众评价和反馈机制，推动文化惠民项目与群众需求有效对接，不断提升公共文化服务的标准化、均等化和实用性、便利性。

（新华社稿）

# 为什么要加强国际传播能力和对外话语体系建设？

**《决定》明确提出，“加强国际传播能力和对外话语体系建设，推动中华文化走向世界”**。

当前，世界主要国家普遍把加强对外传播作为增强国家文化软实力的重要手段。各国政府都重视加强公共媒体建设、强化网络宣传，积极传递价值理念、塑造国家形象、扩大文化影响。美国通过美国之音等众多机构，直接从事对外宣传，用美国的视角报道世界新闻。近年来，美国更是大力加强网络宣传，开办了“推特中文版”，积极利用社交网络。法国 2006 年以政府补贴形式开播“法兰西 24”，用法、英、阿拉伯 3 个语种 24 小时播报国际新闻，覆盖 90 多个国家。俄罗斯 2005 年设立“今日俄罗斯”频道，使用英、阿拉伯、西班牙 3 个语种 24 小时播出，开设免费视频网站。2009 年日本也开通了全新的英语国际新闻频道，以填补其“外交影响力及传媒能见度”与经济地位不符的空缺。同时，西方发达国家商业媒体占据国际市场绝对优势，西方四大通讯社——美联社、路透社、法新社、合众国际社占据世界新闻发稿量的 80%。

现实一再表明，在信息技术高度发达的当今时代，谁的传播手段先进、传播能力强大，谁的文化理念和价值观念就能广为流传，谁就能掌握国际话语权。可以说，如果没有健全的传播渠道，在国际上就会陷入有理没处说、说了也传不开的被动境地。

近年来我国国际传播能力迅速提升，但总体上仍处于西强我弱态势。2010 年以来，落实中央关于加强国际传播能力建设的部署，中央重点媒体国际传播能力建设迈出了可喜步伐，海外采编网络和传播平台迅速拓展，信息内容、营销能力、人才队伍等建设明显改善，取得重要阶段性成果。新华社海外分社已达 171 个，驻外机构数量居世界首位。中央电视台开播 9 个国际频道，成为全球唯一用中、英、法、西班牙、俄、阿拉伯 6 种联合国工作语言播出的电视机构。中国国际广播电台使用 64 种语言对外播出，是全球语种最多的媒体机构。但总体上看我们新闻媒体的综合实力还不强，在国际热点问题和突发事件报道中的原创率、首发率还不高，国际接受度和影响力还有限。

**传播力决定影响力，话语权决定主动权，必须更好地传播中国声音、塑造国家形象、维护国家利益，必须协调推进国际传播能力建设与对外话语体系建设**。一方面，要加大传播渠道建设力度，继续推进重点新闻媒体建设，完善全球新闻信息采集传播网络，提高新闻传播的“时、度、效”，让我们的声音传出去。另一方面，要构建对外话语体系。在改革开放的实践中，我们形成和发展了中国特色社会主义理论，并创造性提出了一些重要概念，比如小康社会、以人为本、集体人权、科学发展、协商民主、新型大国关系、和谐世界、中国梦等。需要用西方学者和民众能够理解、乐于接受的话语体系解释中国道路，让国外受众想了解、听得懂、愿接受。

总之，既要加快构建技术先进、传输快捷、覆盖广泛的现代传播体系，更要积极推动理论创新和学术创新，着力打造融通中外的新概念、新范畴、新表述，加快形成独具中国特色、能与国际交流的对外话语体系，讲好中国故事，传播好中国声音，不断增强中国国情、中国理念、中国道路的说服力和认可度。

（新华社稿）

# 深化教育领域综合改革的重要性和紧迫性是什么？

《决定》深入贯彻党的十八大关于“深化教育领域综合改革”的总体部署，进一步明确了攻坚克难重点和系列政策举措，集中体现了以习近平同志为总书记的党中央在加快社会事业改革创新的进程中高度重视教育改革的战略思路。我们必须站在党和人民事业全局高度，深刻认识新的时代条件下深化教育领域综合改革的重要性和紧迫性。

**第一，教育改革是教育事业发展的强大动力**。改革开放35年来，以邓小平同志、江泽民同志为核心的党的第二代、第三代中央领导集体，坚持教育面向现代化、面向世界、面向未来的重要指针，始终强调把教育摆在社会主义现代化建设中优先发展的战略地位，重点推进教育体制改革。党的十六大以来，以胡锦涛同志为总书记的党中央作出办好人民满意的教育、建设人力资源强国的战略部署，在健全公共教育财政制度、创新促进教育公平体制方面取得显著进展。党的十八大以来，以习近平同志为总书记的党中央继往开来，全面动员全党全社会关心支持教育发展，继续推进教育领域多方面改革。改革开放以来的教育事业发展，极大提高了全民族素质，有力推进了科技创新和文化繁荣，为经济社会发展和民生改善作出了不可替代的贡献，我国顺利完成从人口大国到人力资源大国的转变，教育总体上处于全球中等水平，这在很大程度上取决于教育改革带来的强大动力，以改革促发展，已经成为我国教育发展和人力资源开发非常重要的成功经验。

**第二，教育改革是社会事业改革创新的重要环节**。进入新世纪以来，国际国内形势发生深刻复杂变化，在进入全面建成小康社会决定性阶段以来，我国经济社会发展面临很多新的挑战，迫切需要我们积极适应经济体制深刻改革、社会结构深刻变动、利益格局深刻调整、思想观念深刻变化的新形势，在社会事业改革创新上迈开新的步伐。《决定》明确提出“紧紧围绕更好保障和改善民生、促进社会公平正义深化社会体制改革”，并强调“必须更加注重改革的系统性、整体性、协同性”。当前，深化教育领域综合改革，不仅是破除制约教育事业科学发展的体制机制障碍，促进教育制度和体系自身完善，而且作为社会事业改革创新的重要组成部分，还要与社会事业领域中的就业、收入分配、社会保障、医疗卫生、社会治理等相互配合、协同创新，不断为社会事业改革创新全局提供人才支持和智力贡献。

**第三，教育改革是办好人民满意的教育的必由之路**。当我国开始进入中等收入国家行列时，广大人民群众尤其是学龄人口对通过教育增强生存发展能力、更好服务国家社会的愿望日益高涨，对教育制度体系和服务水平提出更加多样化的要求。为此，习近平总书记强调指出：“努力发展全民教育、终身教育，建设学习型社会，努力让每个孩子享有受教育的机会，努力让13亿人民享有更好更公平的教育，获得发展自身、奉献社会、造福人民的能力。”因此，深化教育领域综合改革，核心目的就是要“解决好人民最关心最直接最现实的利益问题，努力为社会提供多样化服务，更好满足人民需求”。今后要坚持立德树人导向，以促进教育公平、提高教育质量为主线，以改进政府教育管理方式、释放学校办学活力、构建全民终身学习体系为重点，进一步激发各方支持教育改革的积极性，完善中国特色社会主义现代教育体系，尽力满足广大人民群众不断增长的多样化教育需求，为全面建成小康社会、加快推进社会主义现代化、实现中华民族伟大复兴的中国梦奠定坚实基础。

（新华社稿）

# 为什么要强化体育课和课外锻炼，促进青少年身心健康、体魄强健？

《决定》强调要强化体育课和课外锻炼，促进青少年身心健康、体魄强健，正是立足于国家民族全局和亿万家庭福祉所提出的重要要求。

**第一，从国家强盛和民族振兴全局来认识促进青少年身心健康、体魄强健的重大意义**。青少年时期是身心健康和各项身体素质发展的关键时期，体育锻炼和体育运动，是加强爱国主义和集体主义教育、磨炼坚强意志、培养良好品德的重要途径，也是促进人的全面发展的重要方式，进入新世纪以来，全球范围内的综合国力竞争日趋激烈，各国都纷纷把全面提高国民素质、增强劳动力竞争力作为国家级战略，而青少年的身心健康、体魄强健，自然成为衡量民族旺盛生命力的重要标志，成为国家现有及潜在综合实力的重要体现，成为迈向人力资源强国的重要基础。

《决定》提出的重要要求，从全面贯彻党的教育方针出发，对于重点加强学校体育课程同课外运动锻炼的相互衔接，着力增进学校、家庭、社会在促进青少年健康成长方面的密切配合，将具有非常重要的指导性和针对性。

**第二，我国已经具备促进青少年身心健康、体魄强健的必要条件和社会共识**。改革开放特别是进入新世纪以来，党和国家坚持把加强青少年体育锻炼作为提高全民健康素质的基础工程，不断完善和落实各项政策措施，广泛开展阳光体育运动，青少年体育事业呈现蓬勃发展的态势。从 2010 年第六次全国学生体质健康调查结果看，全国学生体质和健康状况总体上有所改善，中小学生身体素质下滑趋势得到遏制，青少年营养水平和形态发育水平明显提升。但是，也要清醒地看到，学生肥胖检出率有所增加，视力不良率居高不下，高校在校生的爆发力、力量、耐力素质水平有所下降，这与他们在18岁及以前的体育锻炼不能经常到位有着直接关系。有关调研也表明，有些地区的学校和社会重智育、轻体育的倾向较为突出，中小学生课业负担过重，休息和锻炼时间严重不足，城乡、区域之间体育设施配备不平衡，学生体育课和锻炼活动难以保证。这些问题越来越影响到亿万青少年的健康成长，也将制约国家强盛和民族复兴的未来进程，正在引起全党全社会更加高度的重视，逐渐凝聚起强烈的教育改革动力。

按照《决定》的重要要求，我们要牢固树立健康第一的思想，完善学校体育工作机制，确保学生体育课程和课外锻炼活动时间，提高体育教学质量，通过保证学生每天锻炼一小时等举措，提高阳光体育运动实效；健全学校、家庭、社区相结合的青少年体育网络，科学安排学习、生活、锻炼，保证学生睡眠时间，培养青少年良好的体育锻炼习惯和健康的生活方式，尽快使我国青少年普遍达到国家体质健康基本要求，持续提高耐力、力量、速度等体能素质，明显降低营养不良、肥胖和近视的发生率；推动学校和社会各界紧密协作，共同营造青少年热爱体育、崇尚运动、健康向上的良好风气和全社会珍视健康、重视体育的浓厚氛围，形成提高青少年乃至全民族的健康素质的长效机制。

（新华社稿）

# 如何破解义务教育择校难题？

破解择校难题，是《决定》围绕均衡发展九年义务教育所选取的重要改革突破口，必须“以更大决心冲破思想观念的束缚、突破利益固化的藩篱”，才能取得实质性进展。破解公办学校的择校难题，是回归义务教育强制性、免费性、普惠性本质要求的应有之义，是着力解决社会反映强烈的突出问题、维护教育公平公正、努力办好人民满意的教育的客观要求。按照《决定》的要求，根本之策在于切实缩小校际差距，主要有 3 个方面改革要点。

**第一，统筹城乡义务教育资源均衡配置**。义务教育必须依法全面纳入财政保障范围，实行国务院和地方各级人民政府根据职责共同负担，省、自治区、直辖市人民政府负责统筹落实的投入体制，完善中央财政和地方财政分项目、按比例分担的农村义务教育经费保障机制，不断提高保障水平。在此制度基础上，再看办学条件，各地政府应科学规划、统筹安排、均衡配置、合理布局，建立城乡一体化义务教育发展机制，重点是“实行公办学校标准化建设”，巩固全国中小学校舍安全达标的成果，从根本上改造薄弱学校，尽快使师资、教学仪器设备、图书、体育场地基本达标，利用改扩建劳务输出大省和特殊困难地区农村学校寄宿设施等项目工程，显著改善农村学生特别是留守儿童寄宿条件，基本满足需要。预计到 2020 年，全国将率先在县（区）域内实现城乡均衡发展，弱化对公办学校择校的外部刚性需求。

**第二，实行公办学校校长教师交流轮岗**。全面提高所有公办学校的校长教师水平，将是标本兼治破解择校难题的重要举措。《决定》明确提出实行公办学校校长教师交流轮岗，对绝大多数地区而言，主要是在县（区）域内操作。各地政府应合理配置教师资源，因地制宜地建立校长教师定期交流轮岗制度，明确规定校长在同一学校的连任期限，同时，规定教师包括骨干教师须按每年不低于教师总数的一定比例开展交流，城区中小学教师评聘高级职务（职称），须有在农村学校或薄弱学校任教一定年限的经历。继续加大城镇学校教师对口支援农村学校、原优质公办学校教师对口支援薄弱学校的力度，有条件的地区还可试行校长教师跨区交流轮岗。

**第三，不设重点学校重点班**。要严格实行免试就近入学和信息公开制度，招生不得依据任何获奖证书和考级证明，县区教育行政部门须利用公告、网站等多种方式向社会公开每所小学、初中的招生计划、范围、程序、时间和结果，积极推行网上报名招生。学生入校后，将按照随机方式对学生和教师实行均衡编班。编班过程要邀请家长和相关人员参加，接受各方监督，禁止以各种名目分重点班和非重点班。相应地，加速弱化择校压力的措施还包括：严查选拔生源“占坑班”；制止跨区域招生行为；严禁收取与入学挂钩的捐资助学款；除省级教育行政部门批准的可招收体育艺术特长生学校外，一律不得以特长生名义招生；实行优质普通高中和优质中等职业学校招生名额合理分配到区域内初中的办法；在保障适龄儿童少年就近进入公办学校前提下，由民办学校提供选择机会。

（新华社稿）

# 怎样标本兼治减轻学生课业负担?

过重课业负担严重损害儿童少年身心健康，不利于促进人的全面发展。《决定》强调指出，“标本兼治减轻学生课业负担”，准确抓住了当前广大群众反映强烈的热点问题。今后，重点要从 3 个方面抓紧解决。

**第一，强化政府统筹协调减负工作职责**。各级政府在统一学校、家庭、社会对减负工作的认识，形成分工协作、相互支持、综合治理的格局方面，必须担负统筹协调的重要责任。要瞄准牵动全局的教育体制关键环节，采取多种政策措施，分区规划、分步推进减负工作。重点是加大基础教育课程改革力度，调整教材内容，科学设计课程难度，对学校减负工作提出导向性意见；注重改革学校考核办法，逐步将减负工作与小学升初中制度、中考制度、学业水平考试制度以及高考招生制度等系列改革有机衔接贯通起来，各级政府不得按升学率对地区和学校进行排名，不得下达升学指标；建立健全学生课业负担监测和公告制度，各级政府教育督导部门应落实督学责任区制度，对减负工作定期进行专项督导，每学期公布督导结果；各级教育行政部门要对减负工作开展经常性检查，并受理群众举报，严格责任追究，限期整改到位。

**第二，大力推进学校教育教学环节创新**。义务教育阶段学校要把减负落实到教育教学各个环节，在培养学习兴趣、掌握书本知识的同时，要给学生留下更多了解社会、深入思考、动手实践、健身娱乐的时间。关键是提高教师素质，深化教学改革，改进教学方法，增强课堂教学效果，严格执行课程方案，不得增加课时和提高难度。学校要开足和上好体育课，安排好大课间活动或课间操、眼保健操，动员各方力量督促安排学生每天校内外锻炼1小时。按照“率先实现小学生减负”的要求，在坚持阳光入学、均衡编班制度的基础上，实行一年级新生“零起点”教学的规定，一至三年级不留书面家庭作业，四至六年级控制每天书面家庭作业总量。规范并严控每学期全校统考和每门课测试的次数，要求考试内容不超出课程标准。教育质量监测不公布学生成绩与排名，实行“等级加评语”评价方式，采取分级评价，多用鼓励性评语，激励学生成长。每个学科可选择一种经省级有关部门评议公告的教辅材料，购买时遵循家长自愿原则，学校和教师不得再向学生推荐、推销其他教辅材料。

**第三，切实增强家长和社会的减负共识**。倡导家长树立正确的教育观念，掌握科学的教育方法，尊重子女的健康情趣，培养子女的良好习惯，主动加强与学校的沟通配合，共同减轻学生课业负担。学校要利用中小学家长委员会等载体，加强与家长互动，指导好学生课外活动。人民团体、基层群众自治组织及社会组织，要发挥在社区层面配合减负工作的促进作用，参与校外活动场所建设和管理，开发多种活动方式，丰富学生课外及校外活动。当前，政府明确要求，义务教育阶段学校和教师不得在节假日和双休日组织学生集体补课或上新课，不得组织或参与举办“占坑班”及校外文化课补习，各种等级考试和竞赛成绩也不得作为义务教育阶段入学与升学的依据。因此，对于社会补习机构和教辅市场，地方政府需要进一步加强规范和管理，并引导学生家长科学理性地对待家教补习。

（新华社稿）

# 推进考试招生制度改革有哪些新的重大举措？

考试招生制度，是教育领域综合改革“牵一发而动全身”的重点领域和关键环节，政府、学校、学生、家长、社会各界极为关注。

按照《决定》确定的考试招生制度改革方向，我们要根据有利于促进学生健康成长、有利于科学选拔人才、有利于维护社会公平的原则，探索招生和考试相对分离、学生考试多次选择、学校依法自主招生、专业机构组织实施、政府宏观管理、社会参与监督的运行机制，从根本上解决一考定终身的弊端。总体上看，新的重大改革举措大致有 5 个层面。

**第一，义务教育免试就近入学**。试行学区制要合理划分学区范围，科学规划学校布局，学区内小学毕业生直接进入初中，并在有条件的地区探索九年一贯对口招生。要健全信息公开制度，严禁各种等级考试和竞赛成绩作为入学与升学的依据，回归义务教育本质属性，使均等化的基本公共教育服务覆盖城乡所有学龄人口。

**第二，推行初高中学业水平考试和综合素质评价**。学业水平考试原则上是每门课程学完即考，创造条件为学生提供同一门课程两次考试机会的办法；综合素质评价是建立规范化的学生成长记录制度。目的是全面实施素质教育，推进学生学好每门学科，克服文理偏科现象，兼顾自身兴趣、志向和优势，促进身心健康和全面发展，并为升入高一级学校提供依据。

**第三，加快推进职业院校分类招考或注册入学**。中等职业学校实行自主招生或注册入学，高等职业院校的考试招生在考试内容、录取方式和时间安排上与普通高等学校分开，使部分学生从中考和高考的竞争压力中解放出来，选择适合自己的教育，目的是适应经济发展方式转变、产业升级、扩大就业的实际需求，紧密配合现代职业教育体系的建设，为培养高素质劳动者和技能型人才做好准备。

**第四，逐步推行普通高校基于统一高考和高中学业水平考试成绩的综合评价多元录取机制**。在全面实施高中学业水平考试制度的基础上，探索全国统考减少科目、不分文理科，增强考试内容综合性，侧重考查学生创新思维和分析解决问题的能力；探索外语等科目社会化考试一年多考，学生自主选择参加考试的时间和次数。普通本科高校实行综合评价、择优录取，逐步形成考生与学校之间双向多次选择机制。完善自主录取、推荐录取、定向录取、破格录取等办法，为品学兼优、具有特殊才能和符合国家鼓励政策的学生提供多样化的入学方式。

**第五，试行普通高校、高职院校、成人高校之间学分转换，拓宽终身学习通道**。适当拓宽高职院校毕业生接受本科教育通道，高职院校毕业生可通过专升本考试对口进入本科高校相关专业学习。建立本科高校学分互认联盟。继续完善国家和地方的开放大学体系、自学考试制度、网络在线学习等多种学习方式，鼓励成人高校、继续教育机构面向在职人员及其他学习者，实行弹性学制、学分累积、宽进严出，提供多样化的学习选择和成长途径，探索建立多种形式学习成果认定转换制度，还要建立有利于创新型人才和高层次应用型人才选拔的研究生考试招生制度，尽快搭建符合基本国情的人才成长“立交桥”，使考试招生制度改革为提高全体国民思想道德和科学文化素质、促进人的全面发展、深度开发人力资源，注入新的强大动力。

（新华社稿）

# 教育管理体制改革和办学体制改革有哪些新的亮点？

按照党的十八大精神，《决定》专门就加快转变政府职能进行具体部署，为深化教育体制改革创造了更加有利的制度环境。今后，深化教育领域综合改革，要以《决定》确定的“深入推进管办评分离”为导向，构建政府、学校、社会之间新型关系，明确各级政府责任，规范学校办学行为，发挥社会参与作用。相应地，教育管理体制和办学体制新的改革亮点体现在 3 个方面。

**第一，扩大省级政府教育统筹权和学校办学自主权，完善学校内部治理结构**。面对中央向地方放权、政府向学校放权的现实需求，《决定》坚持管办评分离的方向，要求政府更多运用法规、规划、标准、政策、公共财政、信息服务等手段引导和支持学校发展，形成政事分开、权责明确、统筹协调、规范有序的教育管理体制。在适应行政体制改革要求的前提下，落实和扩大学校办学自主权，关键是完善学校内部治理结构；要让每所学校都能依法行使办学自主权和承担相应责任，核心是加强章程建设。2015 年前全国所有学校都须制定或修订好章程，办学自主权须由规范的学校内部治理结构所决定，校内外的民主监督制度都要加快建立健全，加快建设依法办学、自主管理、民主监督、社会参与的现代学校制度。

**第二，强化国家教育督导，委托社会组织开展教育评估监测**。教育领域管办评分离的内涵，就是政府管教育、学校办教育、社会评教育。根据《决定》的改革新举措，一是要强化国家教育督导，建立国家、省、市（州、盟）、县四级完整的、相对独立的教育督导委员会及日常办事机构，将政府业务部门监督评价职能调整到督导部门，建立各级各类教育督导评估制度，建设专兼职结合的督学队伍，提高督导工作规范化专业化水平。建立督导检查结果公告制度和限期整改制度，完善决策权、执行权、监督权既相互制约又相互协调的新机制。二是要注意发挥社会组织在教育评估监测中的作用，进一步调动行业协会、专业学会、基金会等社会组织参与教育公共治理的积极性，鼓励专门机构和社会中介机构评估监测教育质量，适时将委托社会组织开展教育评估监测纳入政府购买服务程序之中，作为完善评估监测制度体系的重要运作方式。

**第三，健全政府补贴、政府购买服务、助学贷款、基金奖励、捐资激励等制度，鼓励社会力量兴办教育**。为了充分调动全社会办教育积极性，国家法律和政策已将民办教育视为教育事业发展的重要增长点和促进教育改革的重要力量。《决定》提出极具创新性的办学体制改革要点，尤其是政府补贴、政府购买服务、助学贷款等项举措，将在政策上形成很大突破。目的在于坚持教育公益性原则，健全政府主导、社会参与，办学主体多元、办学形式多样、充满生机活力的办学体制。因此，要继续鼓励各级政府因地制宜采取多样化政策措施，引导社会资金以多种方式进入教育领域，支持民办教育事业发展，并积极鼓励行业企业等社会力量参与公办学校办学，形成并巩固以政府办学为主体、全社会积极参与、公办教育和民办教育共同发展的格局。

（新华社稿）

# 促进就业创业要建立哪些新的体制机制？

就业始终是民生领域的重大问题，是人民群众改善生活的基本前提和基本途径。今后一个时期，我国就业形势依然严峻，就业任务依然艰巨。《决定》提出了健全促进就业创业体制机制的新举措。

**第一，建立经济发展和扩大就业的联动机制，健全政府促进就业责任制度**。要把解决好就业问题作为经济发展的优先目标，实施就业优先战略和更加积极的就业政策，通过稳定经济增长和调整经济结构增加就业岗位，建立经济增长与扩大就业联动机制。综合运用财政、税收、金融、产业等各项经济调节政策促进就业，通过税收优惠、社会保险补贴、小额担保贷款等扶持性政策，鼓励企业更多吸纳就业，鼓励劳动者多渠道、多形式就业。积极帮扶困难群体就业，通过政府投资开发公益性岗位和开展就业援助行动，帮助他们尽快实现再就业。健全政府促进就业目标责任制和就业工作协调机制，强化政府促进就业的责任。

**第二，健全促进就业公平的体制机制**。一是健全公平就业的法律体系和监督机制。进一步完善反对就业歧视的法规政策，加大违法行为的惩处力度，营造公平公正的市场环境。二是规范招人用人制度。在公务员考录方面，要继续坚持实行“凡进必考”、公平竞争的机制；在事业单位招聘方面，要完善和落实事业单位公开招聘人员规定，严厉惩处违规违纪行为；在国有企业招聘人员方面，要全面推行分级分类的公开招聘，切实做到信息公开、过程公开、结果公开。三是创新劳动关系协调机制。全面推行劳动合同制度。以工资集体协商为重点，积极扩大集体协商和集体合同覆盖面，推动建立职工工资正常增长机制和劳动条件改善机制。健全并落实劳动标准体系，健全工资支付保障制度，推进劳动定额标准化管理。健全劳动者权益保障机制，畅通职工表达合理诉求渠道。

**第三，创新扶持创业的体制机制**。完善政府扶持创业的优惠政策，通过税费减免为创业者减轻负担；对创业开业资金缺乏的，给予小额担保贷款扶持；鼓励发挥各方资源优势，为创业者提供场地便利、创业孵化和跟踪服务。要继续推进创业示范城市建设，发挥创业引领作用。要完善扶持创业的优惠政策，形成政府激励创业、社会支持创业、劳动者勇于创业新机制。

**第四，增强失业保险制度预防失业、促进就业功能**。我国的失业保险制度建立较晚，其基本功能重点定位在保障失业人员基本生活上，预防失业和促进就业的功能缺失，亟待从制度上加快推进改革。我国已经在东部 7 省市开展这项改革试点，主要是扩大失业保险基金使用范围，更多用于预防失业和促进就业，取得了很好的效果，积累了改革的经验。

**第五，完善城乡均等的公共就业创业服务体系**。要加强基层公共就业创业服务平台建设，努力构建覆盖城乡的公共就业创业服务体系，为城乡劳动者提供均等化的就业创业服务。同时，要进一步完善人力资源市场管理制度，更好发挥市场配置人力资源的决定性作用。

**第六，构建劳动者终身职业培训体系**。要进一步健全面向全体劳动者的职业培训制度，完善就业技能培训、岗位技能提升培训和创业培训工作机制，完善相关政策和措施，创新技能人才培养模式，搭建技能人才职业发展通道，构建适合劳动者职业生涯发展不同阶段需求的终身职业培训体系。健全政府职业培训补贴制度，提高补贴资金的使用效益，发挥政府补贴的激励和引导作用。

（新华社稿）

# 促进高校毕业生就业有哪些新的改革举措？

随着我国新成长劳动力就业高峰的到来，我国每年新进入求职年龄的劳动者人数仍然保持逐年增加的趋势，特别是实施高校扩招计划以来，每年进入就业市场的高校毕业生持续较大幅度增加。妥善解决以高校毕业生为重点的青年就业问题是世界各国面临的共同课题，更是当前和今后一个时期我国就业工作的突出问题和首要任务。为此，《决定》提出了一系列新的政策措施和重大改革举措。

**第一，结合产业升级开发更多适合高校毕业生的就业岗位**。促进高校毕业生就业的根本之举，是开发更多符合高校毕业生特点和意愿的就业岗位。要根据高校毕业生综合素质好、专业技能水平高的优势，结合转方式、调结构和产业转型升级进程，瞄准战略性新兴产业的发展，培育新的就业增长点，着力发展科技含量高、吸纳就业能力强的智力密集型、技术密集型产业，大力发展先进制造业、高新技术产业以及现代服务业、现代农业等，开发更多适合高校毕业生的就业岗位。同时，也要以就业为导向，改革高等教育制度和培养模式，建立招生与就业联动机制，培养更多适应社会就业需求的专业技术人才。

**第二，政府购买基层公共管理和社会服务岗位更多用于吸纳高校毕业生就业**。政府将通过购买服务的方式，从基层公共管理机构和社会服务组织购买岗位，更多用于吸纳高校毕业生就业，为高校毕业生提供部分稳定可靠的就业岗位。通过采取这项新政策，也有利于形成促进政府职能转变的新机制。

**第三，健全鼓励高校毕业生到基层工作的服务保障机制**。鼓励引导高校毕业生到城乡基层、中西部地区、艰苦边远地区和中小企业就业，需要综合运用各种政策杠杆，健全促进高校毕业生到基层工作的政策扶持体系，切实发挥政策的激励保障作用。要继续组织实施“三支一扶”、大学生村官等高校毕业生服务基层项目，进一步研究制定鼓励大学生扎根基层、服务基层的保障政策。要建立健全跟踪服务机制，畅通纵向流动渠道，提高公务员定向招录和事业单位优先招聘比例，为高校毕业生成长成才提供更多选择机会。

**第四，实行激励高校毕业生自主创业政策**。为鼓励高校毕业生创业，国家要进一步完善鼓励建立创业园区、实行税费减免、提供小额担保贷款、免费提供创业指导、提供一站式创业服务等扶持政策。在此基础上，进一步加大高校毕业生创业扶持力度，充分利用各种政策资源，整合发展国家和省级高校毕业生就业创业基金。

**第五，实施高校毕业生就业促进计划**。针对部分毕业后未能及时就业的高校毕业生，要积极实施离校未就业高校毕业生就业促进计划，把未就业的纳入就业见习、技能培训等就业准备活动之中，以进一步提升他们的就业能力。要健全公共就业服务机构与高等院校的信息沟通机制，建立高校毕业生就业实名登记管理制度，对有特殊困难的离校未就业高校毕业生实行全程就业服务，免费提供职业技能培训、就业岗位信息、职业介绍、职业指导等公共就业创业服务。

（新华社稿）

# 形成合理有序的收入分配格局需要从哪些方面入手？

收入分配制度是经济社会发展中带有根本性、基础性的制度安排，劳有所得是人民群众最关心最直接最现实的利益问题之一。《决定》围绕“形成合理有序的收入分配格局”作出新的部署，应当主要从以下 3 个方面加以落实。

**第一，形成合理有序的收入分配格局，必须健全初次分配制度和着重保护劳动所得**。初次分配，一般是指生产成果在劳动、资本、资源（土地）、技术（知识）、管理等生产要素之间，按贡献份额进行分配的过程。我国坚持社会主义基本经济制度和基本分配制度，根本上是要坚持按劳分配为主体、多种分配方式并存，坚持初次分配和再分配调节并重。在初次分配过程中，《决定》首先强调“着重保护劳动所得，努力实现劳动报酬增长和劳动生产率提高同步，提高劳动报酬在初次分配中的比重”。提出一系列关键性举措，包括健全工资决定和正常增长机制，完善最低工资和工资支付保障制度，完善企业工资集体协商制度；改革机关事业单位工资和津贴补贴制度，完善艰苦边远地区津贴增长机制，等等。在劳动要素之外，《决定》重点提出，“健全资本、知识、技术、管理等由要素市场决定的报酬机制”，突出了由市场机制决定要素按贡献参与分配的相应报酬、并将知识要素增列其中的创新思路，为依法保障知识（包括品牌、创意等）和技术成果参与分配的应得份额，建立健全根据经营管理绩效、风险和责任确定薪酬的制度明确了方向。《决定》还重申多渠道增加居民财产性收入，要求“扩展投资和租赁服务等途径，优化上市公司投资者回报机制，保护投资者尤其是中小投资者合法权益”。这些制度机制一旦做实，对理顺和规范股市等投资行为，提高租赁服务质量水平，拓宽居民租金、利息、股息、红利等增收渠道，都将注入新的活力。

**第二，形成合理有序的收入分配格局，必须在完善再分配调节机制上强化政府责任**。再分配是指国家通过税收、财政转移支付、各类社会保障和社会救助等对初次分配结果进行调节的过程。《决定》要求“完善以税收、社会保障、转移支付为主要手段的再分配调节机制，加大税收调节力度。建立公共资源出让收益合理共享机制”。就是要强化政府责任，合理运用税收政策工具，健全公共财政体系，提高公共服务支出在财政支出中的比重，进一步做大并分好公共资源出让收益，更多用于民生改善和社会保障，不断完善政府转移支付制度，重点向革命老区、民族地区、边疆地区、贫困地区倾斜。

**第三，形成合理有序的收入分配格局，还要在规范收入分配秩序方面推进体制机制创新**。规范收入分配秩序，既要不断完善市场机制，也要更好发挥政府作用。为此，《决定》明确要求，“完善收入分配调控体制机制和政策体系，建立个人收入和财产信息系统，保护合法收入，调节过高收入，清理规范隐性收入，取缔非法收入，增加低收入者收入，扩大中等收入者比重，努力缩小城乡、区域、行业收入分配差距，逐步形成橄榄型分配格局”。要实现这些目标，都需要各级政府发挥积极主导的作用，加强法律法规体系建设，建立健全财产登记制度，完善财产法律保护制度；健全行政司法联动监管机制，加大维护劳动者合法权益执法力度；减轻中低收入者税负，加大对高收入者税收调节力度；健全现代支付和收入监测体系，严格规范工资外收入、非税收入等管理，强化打击取缔非法收入的法律法规环节，还要在加大反腐力度、加强信息公开、实行社会监督、提升技术保障等方面，不断推进体制机制创新。

（新华社稿）

# 怎样才能逐步形成橄榄型分配格局？

衡量深化收入分配制度改革的最终成效，就是《决定》关于“逐步形成橄榄型分配格局”的重要预期，这是我们党带领全国各族人民朝着共同富裕方向阔步前进的宏大理想，也是需要全党全社会勠力同心共同奋斗的远大目标，可从以下两方面来理解实现这一理想目标的方式和途径。

**第一，形成橄榄型分配格局，关键是让中等收入群体持续扩大**。由于劳动所得是国民收入初次分配的首要环节，是中低收入者的基础性收入部分。《决定》根据 2020 年全面建成小康社会目标关于中等收入群体持续扩大、占多数的要求，围绕健全工资决定和正常增长机制的系列改革思路，旨在初次分配兼顾效率和公平，创造机会公平的竞争环境，维护劳动收入的主体地位，着重保护劳动所得。在此基础上，不断完善资本、知识、技术、管理等由要素市场决定的报酬机制。考虑到再分配也要兼顾效率和公平，而且必须更加注重公平，《决定》所重申的完善再分配调节机制，将综合运用税收、社会保障、转移支付等主要手段，建立健全国有资本收益分享和公共资源占用及其收益分配机制，还要支持慈善事业发展。我们要坚持市场调节和政府调控相结合，提高公共资源配置效率，重点向低收入者倾斜，既要倡导勤劳致富、支持创业创新、保护合法经营所得，也要在社会财富不断增加、综合国力持续增强的同时，普遍提高人民富裕程度。而且，我国的橄榄型分配格局，应当是制度完善、调控有效、比例合理、关系协调的格局。对此，《决定》再次强调规范收入分配秩序，明确保护合法收入、调节过高收入、清理规范隐性收入、取缔非法收入的基本政策导向，公开透明、公正合理的收入分配秩序，必将为中等收入群体营造更好的发展壮大空间。

**第二，形成橄榄型分配格局，必须重视多渠道增加居民财产性收入**。财产性收入是衡量国民富裕程度的重要指标。按照《决定》以促进公平正义、增进人民福祉为出发点和落脚点的改革指导思想，我们要依法加强对公民财产权的保护，实行国家依法征收征用补偿原则，依法规范和保障居民拥有使用权的房屋、土地和资源的转让行为，进一步健全保护公民财产权制度，为切实增加居民财产性收入营造公开公平公正的法制环境。为了形成橄榄型分配格局，还必须处理好政府和市场的关系，按照《决定》关于“使市场在资源配置中起决定性作用”新的方向，更好发挥政府对收入分配的调节作用。要继续拓展增加居民财产性收入的多种渠道。对此，各级政府应更加重视规范市场秩序和完善制度建设，通过健全法规、调整政策，加强对居民投资租赁行为的服务、指导和规范管理，维持良性运行市场秩序，保护居民合法增收权益。同时，随着城镇化水平稳步提升和新农村建设逐步深入，农民在拥有和运用土地承包经营权、集体资产股权、农户宅基地用益物权、住房财产权等方面，以及在金融产品和实业等投资领域，都将有更多条件和机会来增加财产性收入，必将为逐步形成橄榄型分配格局作出贡献。

（新华社稿）

# 社会保险制度改革的重点是什么？

社会保险制度是多层次社会保障体系中的第二支柱，是社会保障制度的重要部分。我国社会保险制度由养老、医疗、失业、工伤、生育五个险种构成。根据《决定》的部署，当前和今后一个时期我国社会保险制度改革的重点主要有以下几个方面：

**第一，推进城镇职工基本养老保险制度改革**。要坚持社会统筹和个人账户相结合的基本养老保险制度，完善个人账户制度，健全多缴多得激励机制，确保参保人权益，实现基础养老金全国统筹，坚持精算平衡原则。通过改革，最终实现养老保险社会统筹和部分积累相结合的制度要求。研究制定基础养老金全国统筹方案，重点是明确中央和地方事权财权，增强养老保险的整体调剂能力，既注重全国的统一公平，又兼顾地区发展和生活水平差异。完善个人账户制度，健全多缴多得激励机制，可以更好体现参保者个人权益和责任，增加养老保险基金积累。对养老保险基金收支平衡进行精算预测，为实现养老保险制度长期稳定运行提供可靠依据。

**第二，推进机关事业单位养老保险制度改革**。要按照社会统筹与个人账户相结合的基本模式，建立机关事业单位基本养老保险制度，破除养老保险“双轨制”，在更大范围体现制度的公平性。同时，还要根据机关事业单位的职业特点，普遍建立职业年金制度。解决“双轨制”问题，建立机关事业单位基本养老保险制度，还必须与机关事业单位人事制度、工资分配制度、财政体制改革相互配套，明确参保人员的范围、缴费工资的基数和财政补助的机制。

**第三，整合城乡居民基本养老保险制度**。要把现行的新型农村社会养老保险制度和城镇居民基本养老保险制度整合为统一的城乡居民基本养老保险制度，实现城乡居民在制度上的平等，实现城乡统一经办管理。要着力推进城乡统筹发展，随着城乡居民收入的稳步提高，逐步提高基础养老金水平，统筹确定城乡居民养老保障标准。

**第四，整合城乡居民基本医疗保险制度**。要把现行的新型农村合作医疗制度和城镇居民基本医疗保险制度整合为统一的城乡居民基本医疗保险制度。理顺医保管理体制，实行一个部门统一管理，统一经办标准和服务规程。实施职工与居民基本医疗保险转移接续政策。推进省级统筹，完善合理异地就医结算政策。强化医保对医疗服务的监管机制，减少浪费，提高医保基金使用效率。大力发展补充医疗保险，建立完善大病医疗救助制度。

**第五，完善社会保险关系转移接续和参保缴费政策**。要适应劳动者就业流动性增强的需要，进一步完善社会保险关系转移接续政策。扩大参保缴费覆盖面，尽快实现新农保、城居保对城乡居民的全覆盖；持续推进城镇职工社会保险扩面，重点是非公单位员工、劳务派遣员工、灵活就业人员、城镇个体户，对进城务工的农民工尽可能引导参加待遇水平较高的城镇社保，抓紧研究针对家政服务业、网络创业和就业等新就业形态从业者特点的参保政策。加快建立全民参保登记制度，从制度上保证基本社会保障覆盖全民、人人享有，培育和提升群众的社会互济意识，维护社保制度的长期稳定发展。要在扩大参保缴费覆盖面、增强基金平衡能力的前提下，适时适当降低社会保险费率，有效平衡国家、单位和个人的负担。

（新华社稿）

## 实现社会保障可持续发展有哪些新的制度安排？

社会保障制度作为国家的一项基本经济社会制度，必须具有长期发展的稳定性和可持续性，以解除广大人民群众的后顾之忧，引导人们对社会保障制度发展方向和待遇水平形成合理的预期。我国正处于并将长期处于社会主义初级阶段，生产力发展水平总体上还比较低，城乡和地区之间发展差距比较大，我国社会保障制度发展的经济基础仍然比较薄弱，统筹兼顾的难度依然很大。《决定》针对我国社会保障可持续发展问题，提出了新的改革任务。

**第一，健全社会保障财政投入制度，完善社会保障预算制度**。要进一步明确各级政府所承担的社会保障责任，增加财政对社会保障的投入，更好发挥公共财政在民生保障中的作用。要完善社会保障预算制度，通过实施预算管理，增强社会保障资金管理使用的透明度和约束力。

**第二，建立健全合理兼顾各类人员的社会保障待遇确定和正常调整机制**。要以职工和居民收入为基础合理确定社会保障水平，建立综合考虑收入增长、物价变动等主要因素的正常调整机制，实现社会保障待遇与经济社会发展相联系的持续、有序、合理增长。依据经济发展水平和各方面承受能力，以工资增长、城乡居民收入水平提高、物价变动等为重要参数，形成有规划、有规则的社会保障待遇调整机制，可以使社会各类成员更充分地分享经济社会发展的成果。

**第三，加强社会保险基金投资管理和监督，推进基金市场化、多**

**元化投资运营**。要在确保当期养老金发放和保证基金安全的前提下，积极稳妥推进基金的市场化、多元化投资运营，健全基金监管体制，努力消除基金贬值风险，确保实现保值增值，有效促进基金平衡。社保基金不同于一般资金，其投资运营必须坚持安全第一，注重长期稳定收益；必须坚持全国统一规范运作，不能各地自行其是；必须坚持多元化投资策略，有效防范投资风险。

**第四，研究制定渐进式延迟退休年龄政策**。综合考虑人口结构、就业结构变化趋势和社会保障可持续发展要求，我国应当及早进行职工退休年龄政策调整设计，采取渐进的方式进行调整，逐步完善职工退休年龄政策。要深入开展调查研究，反复进行理论研究，充分听取专家意见，广泛征求公众意见，使改革方案更加具有可行性、更好体现社会意愿。要深入细致地进行政策的宣传解读，畅通社会监督渠道，使广大人民群众对改革拥有更加充分的知情权，以更高的热情参与改革。

**第五，健全社会保障管理体制和经办服务体系**。要根据社会保障制度新的改革发展变化，及时调整社会保障行政管理体制，着力整合行政管理职能，提高行政管理效率。要加强社会保障经办管理服务标准化、信息化建设，规范经办服务流程，建立标准统一、全国联网的社会保障管理信息系统，切实增强基层经办服务能力，形成便民快捷的经办服务体系，更好地满足广大参保人员的服务需求。

（新华社稿）

# 推进构建多层次社会保障体系的改革重点有哪些？

我国多层次的社会保障体系框架已经基本形成，主要包括社会保险、社会救助、社会福利、慈善事业等基本保障部分和补充社会保险、商业保险等补充保障部分，其中社会保险是基本保障的主体和核心部分。《决定》强调要构建多层次的社会保障体系，并明确了以下改革重点：

**第一，推进城乡居民最低生活保障制度统筹发展**。目前，我国以城乡居民最低生活保障制度为核心的城乡社会救助体系基本形成，在多层次社会保障体系中是第一支柱，发挥着重要的兜底保障作用。在未来城乡一体化发展进程加快的新形势下，城乡居民最低生活保障制度建设的着力点要逐步转向城乡统筹发展，重点是推进制度整合和待遇衔接，努力消除城乡制度上的差异，逐步缩小待遇标准上的差距。

**第二，建立健全符合国情的住房保障和供应体系**。经过多年的实践探索，我国住房保障制度改革取得重要进展和宝贵经验。今后一个时期，要继续推进住房保障制度改革，整合发展以公共租赁住房为主要形式的住房保障模式，探索建立更加符合我国国情的住房保障制度。以增强针对性、有效性、公平性为重点，积极探索保障性住房建设、分配、管理的有效方式，建立更加完善的保障房供应体系，切实解决住房困难群众的住房问题。建立公开规范的住房公积金制度，改进住房公积金提取、使用、监管机制，着力提高住房公积金使用效率。

**第三，积极发展补充社会保险和商业保险**。企业年金、职业年金等补充社会保险和各类商业保险，是我国社会保障体系中的第三支柱。《决定》特别提出，要制定实施免税、延期征税等优惠政策，加快发展企业年金、职业年金、商业保险，构建多层次社会保障体系。

**第四，加快建立社会养老服务体系**。随着我国快速进入人口老龄化社会，老年人的社会服务保障问题越来越突出，党和政府高度重视，社会各界普遍关注。为了积极应对人口老龄化，让越来越多的老年人安度晚年，必须加快建立社会养老服务体系，大力发展老年服务产业，更好满足老年人特殊的服务保障需求。要动员社会各方面力量加快养老院、老年公寓、老年活动室等老年服务基础设施建设，积极发展老年护理、保健等老年服务产业。

**第五，健全特殊群体的服务保障制度**。一是健全农村留守儿童、妇女、老年人关爱服务体系。要健全组织领导体系，建立领导责任制和相关部门工作协调机制。要健全服务体系，重点围绕留守人员的基本生活保障、教育、就业、卫生健康、思想情感等方面实施有效的关爱服务。要健全保障体系，加强相关基础设施建设，完善社会救助、就业扶持等政策。要加快完善农村劳动力输入地的户籍政策和享受基本公共服务政策，使更多的留守人员尽快融入城市生活，积极解决两地居住问题。二是健全残疾人权益保障制度。重点是要健全残疾人基本医疗、康复服务体系，落实各类用人单位按比例安排残疾人就业制度，为残疾人就业创业提供政策扶持，将残疾人纳入社会保障制度，加强残疾人权益法律保护，大力营造尊重残疾人的良好社会氛围，真正让残疾人平等享有各种社会权益。三是健全困境儿童分类保障制度。针对我国儿童福利事业发展面临的新形势，要在孤儿国家保障制度的基础上，坚持总体规划与分类保障相结合，进一步明确困境儿童保障工作责任主体，完善工作机制和监管机制，加强政策制度创新和服务体系建设，加快探索建立困境儿童分类保障长效机制。

（新华社稿）

# 如何加快公立医院改革和鼓励社会办医？

**《决定》明确“统筹推进医疗保障、医疗服务、公共卫生、药品供应、监管体制综合改革”的总体方向，**围绕加快公立医院改革和鼓励社会办医作出新的重大部署，充分体现了坚持非营利性医疗机构为主体、营利性医疗机构为补充，公立医疗机构为主导、非公立医疗机构共同发展的办医原则，为建设结构合理、覆盖城乡的医疗服务体系、保证人人享有基本医疗卫生服务、不断提高人民健康水平提供更好的制度保证。

深化公立医院改革，要始终坚持把维护人民健康权益放在第一位，重点是健全维护公益性、调动积极性、保障可持续的公立医院运行机制。在我国医疗卫生体系中，公立医院占据主体地位，承担全国医院 90％左右的总服务量，公立医院改革已经成为牵一发而动全身的医改难点。根据《决定》关于深化公立医院改革的新部署新要求，今后，要着力从以下几个方面抓紧推进。一是落实政府办医责任，探索政事分开、管办分开的多种实现形式，落实公立医院独立法人地位，建立医院理事会等多种形式法人治理结构，卫生行政部门及有关部门按照各自职能进行宏观管理和提供服务。二是建立科学的医疗绩效评价机制和适应行业特点的人才培养、人事薪酬制度，重点是改革医学教育人才培养和继续教育模式，完善住院医师规范化培训和城乡社区卫生人员培训制度，健全内部分配机制和激励机制，建设高素质医疗卫生人才队伍。三是完善合理分级诊疗模式，建立社区医生和居民契约服务关系。重点是建立公立医院与基层医疗卫生机构的分工协作机制，积极构建基层首诊、分级诊疗、双向转诊的就医秩序，充分利用信息化手段，促进优质医疗资源纵向流动。四是取消以药补医，理顺医药价格。要解决长期以来医药价格倒挂问题，把药价降下来、服务价格适当升上去，关键在于建立科学补偿机制。

鼓励社会办医，对加快形成多元办医新格局、满足人民群众多层次医疗服务需求、推动公立医院改革意义重大。在医疗服务业越来越成为社会投资重点领域之一的形势下，将非基本医疗卫生服务更多交给社会和市场，有利于政府集中力量履行保障基本医疗卫生服务均等化的责任。《决定》的改革导向主要分为3部分。一是优先支持举办非营利性医疗机构。规范社会资本包括境外资本办医准入条件，完善公平公正的行业管理政策，改善执业环境，落实价格、税收、医保定点、土地、重点学科建设、职称评定等政策，对社会资本举办非营利医疗机构给予倾斜支持。特别要鼓励社会力量兴办慈善医疗机构，或向医疗救助、医疗机构等慈善捐赠。二是社会资金可直接投向资源稀缺及满足多元需求服务领域，鼓励非公立医疗机构向高水平、规模化的大型医疗集团发展，拓展新兴健康服务业，创新服务组织，适应居民对医疗康复、老年护理、临终关怀、健康咨询、美容整形、健身养生等服务需求。同时，允许社会力量多种形式参与公立医院改制重组，近期要在确保国有资产不流失的前提下，支持社会资本采取合作、兼并、收购等多种形式，参与包括国有企业所办医院在内的部分公立医院改制重组，增强公立医院服务活力。三是允许医师多点执业，支持和规范有资质人员依法开业，方便群众就医，允许民办医疗机构纳入医保定点范围，政府通过链接医保等购买服务的制度，促进基本医疗服务的有序竞争和多元参与，提高质量和效益。

（新华社稿）

# 为什么要启动一方是独生子女的夫妇可生育两个孩子的政策，逐步调整完善生育政策？

《决定》**提出，“坚持计划生育的基本国策，启动实施一方是独生子女的夫妇可生育两个孩子的政策，逐步调整完善生育政策，促进人口长期均衡发展”**。这是我国进入 21 世纪以来生育政策的重大调整完善，是国家人口发展的重要战略决策。20 世纪 70 年代以来，我国全面推行计划生育，并将计划生育确立为基本国策，政策的基调是控制人口过快增长、稳定低生育水平、提高人口素质。实施这一政策对缓解资源环境压力、促进经济持续较快发展和社会进步作出了重要贡献。

现行生育政策是在长期实践中逐步形成的，并随着人口和经济社会发展形势变化不断完善。在全面建成小康社会的进程中，根据人口形势发展变化，在全国普遍实行双方均为独生子女的夫妇可生育两个孩子（双独两孩）政策的基础上，启动一方是独生子女的夫妇可生育两个孩子（单独两孩）的政策，逐步调整完善生育政策，具有十分重要的意义。

**第一，调整完善生育政策有利于我国经济持续健康发展**。2030 年前我国劳动年龄人口可保持 8 亿人以上，但年轻劳动力在劳动年龄人口中比例下降，劳动力资源的国际比较优势有所减弱。同时，人口老龄化明显加速，赡养老人负担持续加重。如维持现行生育政策不调整，几十年后劳动年龄人口锐减，老年人口比重过大，势必严重影响我国经济社会发展活力和国际竞争力。逐步调整完善生育政策，就是要有效应对和积极缓解人口结构性矛盾的长期影响，保持合理的劳动力数量和结构，延缓人口老龄化速度。这项决策将为转变经济发展方式、培育经济持续健康发展新优势，准备更为有利的人口条件。

**第二，调整完善生育政策有利于社会和谐稳定发展**。随着经济社会发展和人民生活水平提高，我国城乡居民生育意愿发生明显变化，大多数家庭希望生育两个孩子，现行生育政策与家庭需求之间还存在适度调整的空间。根据《决定》的要求，要通过调整完善生育政策，逐步实现国家意志和群众意愿的统一，缩小城乡、地区、民族之间生育政策的差别，促进城乡统筹发展，促进出生人口性别比恢复正常水平。逐步调整完善生育政策，必将进一步彰显以人为本的理念，改善家庭人口结构，显著增强家庭抵御风险能力和养老照料功能，更好促进家庭幸福与社会和谐。

**第三，调整完善生育政策有利于促进人口长期均衡发展**。进入新世纪以来，全国妇女总和生育率稳中有降，生育水平过高或过低，都不利于人口和经济社会的协调发展。逐步调整完善生育政策，符合人口发展规律，有利于稳定适度低生育水平，减缓人口总量在达到峰值后过快下降的势头，有利于人口长期均衡发展和中华民族长远发展。

人口问题始终是影响我国全面协调可持续发展的重大问题，是影响经济社会发展的重要因素。我国人口众多的基本国情没有根本改变，人口对经济、社会、资源、环境的压力将长期存在。计划生育的基本国策必须长期坚持，计划生育工作必须长抓不懈。要坚持计划生育党政一把手亲自抓、负总责，坚持“一票否决”制。要稳妥扎实有序推进调整完善生育政策，促进人口长期均衡发展。

（新华社稿）

# 为什么要创新社会治理体制？

**创新社会治理体制，对于维护最广大人民根本利益，最大限度增加和谐因素，增强社会发展活力，提高社会治理水平，全面推进平安中国建设，维护国家安全，确保人民安居乐业、社会安定有序具有重要意义。**

改革开放以来，党和政府始终高度重视社会管理，为形成和发展适应我国国情的社会管理制度进行了不懈的探索和实践，取得了重大成绩，积累了宝贵经验。同时，我们也要看到，当前我国处于发展的重要战略机遇期，又处于社会矛盾凸显期，社会管理面临着新情况和新问题。一是人民内部矛盾易发多发。一方面，矛盾主要集中在农村土地征收征用、城镇房屋拆迁、国有企业改制、涉法涉诉等领域，因劳资纠纷、医患纠纷、环境污染、非法集资、股市房市投资受损等引发的矛盾明显增多。另一方面，矛盾涉及各行业各阶层。二是社会组织管理和服务问题突出。一方面，各类社会组织快速增多，截至2012年底，全国依法登记的社会组织49.2万个，备案的城乡社区社会组织近40万个。另一方面，政社不分现象依然存在，社会组织发展培育不足，活力不强，作用发挥不够。三是公共安全形势严峻。安全生产事故时有发生，食品药品安全问题时有出现，以报复社会为目的的恶性案件和极端事件有所增多。信息网络管理任务日益繁重，我国有5.64亿网民，4.2亿手机上网用户，是世界上互联网使用人口最多的国家。外部势力千方百计进行渗透破坏活动，国家安全面临严峻挑战。

从总体上看，我国社会领域存在的问题，是我国经济社会发展水平和阶段性特征的集中反映。改革开放以来，我国经济体制深刻变革，利益格局深刻调整，思想观念深刻变化，社会活力显著增强，同时社会结构和社会组织形式发生深刻变动，社会管理环境发生了深刻变化。主要表现在：一是从经济层面看，随着经济体制改革的不断深入和经济结构调整不断推进，大批人员需要下岗转岗，以多种形式创业就业；随着农村生产力不断发展，大批农村富余劳动力需要转移就业；地区之间、城乡之间发展差距以及部分社会成员之间收入分配差距依然较大，统筹各方面利益难度增加；随着多种所有制经济共同发展，社会组织形式需要作出相应变动；工业用地、城市用地需求激增，农村土地征收征用、城镇房屋拆迁容易产生大量矛盾；长期存在的粗放型发展方式在安全生产、环境保护、产品质量等方面引发不少社会问题。二是从社会层面看，机关和企事业单位等承担的社会管理职能大部分已经剥离出去，越来越多的人由“单位人”变成“社会人”。非公有制经济组织、社会组织快速发展，城乡流动人口大量增加，新的社会阶层不断出现，导致城乡结构、就业结构、人口结构、居住结构等发生重大变化。三是从思想文化层面看，人们思想活动的独立性、选择性、多变性、差异性明显增加。一方面，人们的公平意识、民主意识、权利意识、法治意识、监督意识不断增强。另一方面，部分社会成员思想道德失范，有些人世界观、人生观、价值观发生扭曲。四是从工作层面看，一些部门和地方经济建设一手硬、社会管理一手软问题仍然不同程度存在，面对新情况，过去行之有效的管理理念、管理制度、管理手段、管理方法已经难以完全适应。

因此，《决定》要求通过深化改革，实现从社会管理转向社会治理的创新。

（新华社稿）

## 如何改进社会治理方式？

《决定》**强调，改进社会治理方式，坚持系统治理、坚持依法治理、坚持综合治理、坚持源头治理**。对此，可从以下 4 个方面来进行正确把握。

**第一，坚持系统治理，治理主体要从政府包揽向政府主导、社会共同治理转变**。一是加强党委领导，充分发挥各级党委的领导核心作用。同时，要把基层党组织和广大党员组织起来，去做直接服务群众的工作，努力渗透到社会治理的各方面、各环节，把党的政治、组织优势转化为治理服务优势，提高引领社会、组织社会、治理社会、服务社会能力。二是发挥各级政府的主导作用。社会治理是政府的基本职能，但政府不能越位、错位、缺位。三是鼓励和支持社会各方面参与。发挥社会组织作用，整合社会治理资源，积极推动建立政府调控机制同社会协同机制互联、政府行政功能同社会自治功能互补、政府管理力量与社会调解力量互动的社会协同治理网络。要创造公众参与条件，拓宽公众参与渠道，健全公众参与机制，把广大群众有效动员组织起来，形成社会治理人人参与的局面。

**第二，坚持依法治理，治理方式要从管控规制向法治保障转变**。一是强化依法治理理念。善于用法治思维和法治方式治理社会，推动形成办事依法、遇事找法、解决问题用法、化解矛盾靠法的法治环境。二是切实加快社会治理领域的立法工作，依靠法律来规范个人、组织的行为，协调社会关系，监督和保护公共权力，保护公民合法权益，防止公共权力对公民权利的侵犯。三是各级执法机关要严格公正执法，努力把各项社会治理活动纳入法治轨道。四是加强法治宣传教育，弘扬法治精神，使每个社会成员都自觉学法尊法守法用法。

**第三，坚持综合治理，治理手段要从单一手段向多种手段综合运用转变**。一是强化道德约束。要善于运用道德的软力量，把法治与德治结合起来，发挥道德力量的示范和引导作用。二是规范社会行为。加快建立和完善行为规范体系，通过自律、互律、他律，把人们的行为尽可能地纳入共同行为准则的轨道，形成既要维护社会公共权益、又要尊重个人合法权益，既有统一意志、又有个人心情舒畅的社会环境。三是调节利益关系。善于运用教育、对话、协商、谈判等方式解决不同利益主体之间的利益冲突，建立有效的利益协调机制，更好地调节和保护各方面的利益。四是协调社会关系。善于运用群众路线的方式、民主的方式、服务的方式，尽可能通过平等的对话、沟通、协商、协调等办法来解决社会问题，化解社会矛盾。

**第四，坚持源头治理，治理环节上要从事后处置向源头治理前移**。一是标本兼治、重在治本。努力摆脱总是事后应对的被动局面，更多地把工作重心从治标转向治本、从事后救急转向源头治理，更加重视民生和制度建设，使社会治理关口前移，尽可能使社会矛盾和社会冲突少产生、少转化、少激化。二是以网格化治理、社会化服务为方向，健全基层综合服务管理平台。科学划分网格，把网格内人、地、物、事、组织全部纳入网格，使网格服务管理人员承担起了解社情民意、采集治理信息、服务社区群众、化解矛盾纠纷等职能，把社会治理触角延伸到社会最末梢，把服务工作做到群众身边。三是及时反映和协调人民群众各方面各层次利益诉求。社会矛盾说到底大多是利益矛盾，治本的办法是把握群众利益诉求点，协调平衡利益关系。特别要建立健全党和政府主导的维护群众权益机制，有效预防和化解社会矛盾。

（新华社稿）

# 怎样激发社会组织活力？

我国社会组织主要包括社会团体、基金会、民办非企业单位。**《决定》提出，正确处理政府和社会关系，加快实施政社分开，推进社会组织明确权责、依法自治、发挥作用**。激发社会组织活力要重点加快 4 个方面的改革。

**第一，创新社会组织培育扶持机制**。适合由社会组织提供的公共服务和解决的事项，交由社会组织承担。一是加快政府职能转移。更好地发挥社会力量在公共事务管理中的作用，制定政府向社会组织转移职能的指导意见和转移事项目录，建立相应动态调整机制和公示制度。二是完善财税支持政策。建立政府向社会组织购买公共服务制度，制定指导目录和管理办法。支持和发展志愿服务组织。将符合条件的社会组织纳入政府产业扶持和社会事业发展扶持政策范围，促进民办社会事业和公办社会事业共同发展。三是公平对待社会力量提供医疗卫生、文化教育、群众健身、社区服务等公共服务，推进公共服务提供方式多样化和非基本公共服务提供主体多元化。鼓励金融机构为符合条件的社会组织提供信贷服务。

**第二，加快实施政社分开**。限期实现行业协会商会与行政机关真正脱钩。一是按照政社分开、管办分离的要求，分类推进行业协会商会在机构、人员、财务等方面与行政机关脱钩，改变行业协会商会行政化倾向。二是现职国家公务员不得兼任行业协会商会、基金会负责人。三是严格规范离退休国家公务员在社会组织担任负责人。四是尊重社会组织的法人主体地位，保障其合法权利，促进社会组织依法自治并独立承担法律责任。

**第三，提升社会组织服务功能**。一是按照社会主义市场经济的要求，加快推进行业协会商会类社会组织改革，发挥服务企业、规范行业、发展产业、助推经济等方面的作用。二是按照科教兴国、人才强国的战略要求，推动学会、研究会等科技类社会组织改革，发挥联系广大知识分子、推进理论创新、繁荣科学文化事业、提供人才智力支持作用。三是积极培育教育、文化、卫生、体育、社会福利、环境保护等公益慈善类社会组织，发挥其扶助弱势群体、建设生态文明、维护公平正义、传播公益理念等方面的积极作用。四是优先发展民办非企业单位、城乡基层社会组织等城乡社区服务类社会组织，满足城乡人民日益增长的多元化、多层次公共服务需求。五是按照统一登记、分级负责，转变职能、简政放权的要求，重点培育和优先发展行业协会商会类、科技类、公益慈善类、城乡社区服务类社会组织，成立时直接依法申请登记。

**第四，严格依法监督管理**。一是加强对社会组织的管理。完善法人治理、负责人管理、资金管理、信息披露、年度检查等制度，实行社会组织分类评估，制定社会组织合作活动等行为规范。完善行政执法制度，依法查处社会组织的违法违规行为。完善撤销登记、注销登记制度，形成社会组织退出机制。二是规范引导社会组织涉外活动。支持社会组织开展国际交流合作，利用国家对外援助资金到境外开展公益活动。鼓励行业协会商会代表我国企业参与国际市场标准和规则制定。规范社会组织对外合作、接受境外捐赠等涉外活动。三是加强对在华境外非政府组织的管理。加强涉外社会组织登记管理，制定境外非政府组织项目、资金、人员管理制度，制定境外非政府组织活动领域准入目录，引导境外非政府组织在我国经济、科技、教育、卫生、文化、体育、环保、慈善领域依法开展活动。

（新华社稿）

# 如何创新有效预防和化解社会矛盾体制？

尽可能减少社会问题，及时化解社会矛盾，是最大限度地激发社会创造活力、最大限度地增加和谐因素和减少不和谐因素、最大限度地化消极因素为积极因素，确保社会安定有序的关键。《决定》提出，创新有效化解社会矛盾体制，要重点抓住 4 个方面的改革。

**第一，健全重大决策社会稳定风险评估机制**。凡是推出涉及人民群众切身利益的重大决策，都要把社会稳定风险评估作为前置程序、刚性门槛，使重大决策的过程成为党委、政府倾听民意、改善民生、化解民忧的过程，最大限度地预防和化解社会矛盾的发生。把可能影响群众利益和社会稳定的问题与矛盾解决在决策之前。重大政策制定、重大项目审批、重大工程立项、重大举措出台前，都要采取公示、听证等方式广泛听取意见，充分考虑可能出现的社会风险、环境影响、矛盾纠纷及各类不稳定因素，及时发现各种苗头性、倾向性、潜在性问题，对大多数群众不理解不支持的事项缓出台或不出台，确保决策的合法性、合理性、可行性、安全性。对群众反映强烈的突出问题，要通过强化责任、健全制度、落实到人，推动有关方面形成合力，妥善加以解决。对损害群众利益的失职渎职和违纪违法行为要坚决查处、决不姑息。

**第二，建立畅通有序的诉求表达、心理干预、矛盾调处、权益保障机制**。一是发挥人大、政协、人民团体、行业协会以及大众传媒等社会利益表达功能，完善公共决策社会公示制度、公众听证制度、专家咨询论证制度，畅通网络公众参与渠道，引导群众理性合法表达利益诉求。二是建立健全个人心理医疗服务体系，开展个人心理调节疏导工作。三是加强社会矛盾化解工作，针对所在地区社会治理中的热点、重点和难点问题，进行经常性的分析排查，加强对重点地区、重点工程、特殊群体、敏感时期的监控和排查，对排查出来的问题，要依法按政策进行解决。四是统筹协调各方面利益关系，妥善处理人民内部矛盾，及时处理群众反映的问题，坚决纠正损害群众利益的不正之风，切实维护群众合法权益。

**第三，建立调处化解矛盾纠纷综合机制**。要完善人民调解、行政调解、司法调解联动工作体系。一是建立健全区（县）、街道（乡镇）、社区（村）与楼门院（小组）四级纵向调解网络，充分挖掘民间资源，充分利用乡规民约，充分动员各种社会力量参与化解调处矛盾纠纷。二是改革行政复议体制，健全行政复议案件审理机制，认真办理行政复议、行政调解案件，纠正违法或不当行政行为。三是完善司法调解格局，把调解优先的原则贯穿到执法办案工作中去。四是通过“大调解”，形成社会治理合力，及时有效地把矛盾化解在基层，实现案结、事了、人和。

**第四，改革信访工作制度**。坚持依法按政策办事，切实做到诉求合理的解决到位，诉求无理的思想教育到位，生活困难的帮扶救助到位，行为违法的依法处理到位。一是健全信访联席会议制度，形成工作合力，改进信访事项办理工作，健全及时就地解决群众合理诉求机制。二是纠正拦卡堵截正常上访群众的错误做法。拓宽信访渠道，实行网上受理信访制度，完善畅通有序、便捷高效的诉求表达方式。三是坚持党的群众路线，落实领导干部接访、下访、回访、联系群众制度，用群众工作统揽信访工作，把来访群众当家人，把群众来信当家书，把群众反映的问题当家事，认真解决事关群众利益的信访问题。

四是推进涉法涉诉信访工作改革，建立诉讼与信访分离、涉法涉诉信访事项导入司法程序的工作机制，完善涉法涉诉信访事项终结制度，健全司法救助体系，实现维护群众合法权益与维护司法权威相统一。

（新华社稿）

# 为什么要建立最严格的覆盖全过程的食品药品安全监管制度？

民以食为天，食品药品安全已经成为人民群众最关心最直接最现实的利益问题。《决定》提出，**建立最严格的覆盖全过程的食品药品安全监管制度，是面临当前食品药品安全严峻形势提出的重要改革任务**。对此，可从4个方面加深理解。

**第一，是确保人民群众身体健康和生命安全的迫切需要**。当前，我国食品药品安全风险类型多、分布广、隐藏深、危害大，食品药品安全基础薄弱的状况尚未从根本上得到改变。从食品领域看，问题奶粉、瘦肉精、毒生姜、地沟油等食品安全事件时有发生，尤其是乳制品、食用油、保健食品、鲜肉、肉制品等重点品种，食品安全风险聚集，群众意见很大，社会反响强烈。从药品领域看，标准体系不健全，相当数量的药品标准有待提高。药品生产经营质量管理有待进一步规范。不合理用药现象仍然突出。药品市场存在非药品冒充药品、中成药非法添加、非法药品广告泛滥、互联网药品交易秩序混乱等问题，人民群众对药品和药品行业信任严重缺失。

**第二，是加强食品药品安全监管的迫切需要**。当前，我国食品药品安全监管面临诸多问题。一是大量食品药品企业规模小、分散广、集约化程度低，而且这些企业往往数量大、生产链条长、生产环节多，技术和管理水平较低，安全监管非常困难，给食品药品安全埋下了众多隐患。二是一些不讲诚信不讲道德的问题在食品药品行业时有发生。有的食品药品生产经营者为获取非法利益甚至故意从事违法违规活动，一些食品药品从业人员诚信缺失、道德滑坡已经到了非常严重的地步。三是相对于我国食品药品产业的快速发展，安全监管从体制机制、人员素质、技术水平、社会参与等各方面，都存在与新形势新任务新要求不相适应的地方。

**第三，是提升食品药品质量水平，挖掘内需增长潜力，转变经济发展方式的迫切需要**。我国与食品药品相关的产业在国民经济中占有重要地位，是吸纳城乡就业人员较多、与其他行业关联较强的产业。如果国内食品药品质量安全出了问题，一方面，会影响国内消费者信心，影响我国的国际形象，从而导致国外食品药品乘虚而入，对国内食品药品生产造成更大的压力。另一方面，还会带来一系列连锁反应，不仅会使人民群众身体受害，还会使国家经济受损，甚至导致企业产品滞销、企业破产关闭、职工失业，成为引发社会矛盾、影响社会稳定的导火索。

**第四，是借鉴发达国家成功经验的迫切需要**。国外经验表明，要从根本上解决食品药品安全问题，必须建立最严格的覆盖生产、流通、消费各个环节的食品药品安全监管制度。一是建立食品药品安全标准体系，切实解决目前存在的安全标准不协调、不统一的问题。二是健全食品药品监测体系，建立食品原产地可追溯制度和质量标识制度，形成生产流通消费全过程可追溯体系。三是严格市场准入，深化食品药品审批制度改革，完善食品药品生产经营准入制度。建立召回制度，健全责任制和责任追究制。四是加快企业和个人信用体系建设，完善守信受益、失信受损的激励惩戒机制，使提供安全食品药品成为生产经营者的自觉行为。五是健全社会动员机制，鼓励和引导社会公众、新闻媒体、社会组织参与食品药品安全监管，充分发挥中国特色社会主义的制度优势，形成人人参与、人人维护食品药品安全的社会共治局面。

（新华社稿）

# 如何建立隐患排查治理体系和安全预防控制体系？

安全生产事故给人民群众生命财产造成重大损失。如何在制度上进行改革创新，从根本上解决安全生产领域突出问题和薄弱环节，有效遏制重特大安全事故，是当前安全生产工作的当务之急。因此，《决定》提出，建立隐患排查治理体系和安全预防控制体系。

**第一，建立隐患排查治理体系**。从安全生产管理理念、监管机制、监管手段上进行创新，强化安全生产主体责任，加强事故隐患监督管理，防止和减少事故。一是制定隐患排查标准。根据企业规模、管理水平、技术水平、危险因素等条件，对企业进行分类分级，以安全生产标准化建设评定标准为基础，细化隐患排查标准，明确各类企业每项生产工作的具体标准和要求。二是建立隐患排查治理信息系统。形成企业安全隐患动态监管分析系统和监管服务平台，实现安全隐患排查治理工作全过程记录和管理，企业对自查、上报、整改隐患、接受监督指导等工作进行管理，安全监管部门对企业自查自报数据、日常执法检查数据、监管措施到位情况进行检查分析，对重大隐患治理实施有效监管。三是完善安全考核奖惩机制。进一步完善安全生产目标责任制，突出工作过程的结果化，将安全隐患排查治理等过程管理的内容纳入年度考核指标，增强绩效考核的约束力。鼓励和支持职工发现和排除事故隐患，鼓励社会公众举报监督，对发现、排查、举报事故隐患有功的人员给予奖励和表彰。四是健全安全责任制度。明确安全监管部门负责组织、协调、监督、考核各行业主管部门和属地政府的综合安全监管职能，明确行业主管部门的监督、指导、协调、服务职能，明确企业负责人对本单位事故排查治理工作的全面责任，严格责任追究，对责任不落实的单位或个人，给予严肃处理。

**第二，建立安全预防控制体系**。坚持安全第一、预防为主、综合治理。一是牢固树立以人为本、生命至上的思想观念。改革安全绩效考核办法，加大安全绩效在领导干部政绩业绩考核中的权重。促进各地、各级领导干部切实把安全生产摆在重中之重的位置，把经济社会的发展建立在人民群众生命财产安全得到切实保障的基础上，使安全生产与经济社会的发展同步规划、同步部署、同步推动，使人民群众平安幸福地享有经济社会发展的成果。二是调整产业结构，提升安全保障能力。要通过调整产业结构，尽快降低事故相对较高的第二产业的比重，提升第三产业的比重，不断改善我国安全生产状况。特别要继续整顿关闭小煤矿、小矿山，淘汰落后的不具备安全生产条件的产能，做强做大技术先进、安全可靠的现代产业和项目，使我国经济结构中的安全保障能力明显增强。三是强化企业安全生产基础建设。加强安全质量标准化建设，全面做到岗位达标、专业达标、企业达标。加强以班组长为重点的班组安全建设，加强现场管理，加强各类专业培训，提高应急处置能力。推动安全科技创新，提高机械化、自动化、信息化水平，用先进的管理方式和技术装备提升安全水平。四是逐步把安全生产推向法制化的轨道。加强法规和标准建设，加强执法检查，切实保障安全生产法律法规和规章制度的落实。探索进行事故前责任追究，通过对相关部门和企业的监督，以及对重大事故隐患和严重违法行为的检查，倒查国家工作人员和企业不落实国家法律和政策规定的原因，追究不履行或不正确履行安全生产责任，通过实施严厉处罚，确保各部门、各企业及其相关工作人员安全生产监管责任的落实。

（新华社稿）

# 怎样创新立体化社会治安防控体系？

随着经济社会发展，我国社会治安形势总体上是稳定的，但仍处于刑事犯罪高发期。从这个意义讲，当前维护社会稳定工作已经进入风险期，要进一步创新体制机制，健全点线面结合、人防物防技防结合、打防管控结合、网上网下结合的立体化社会治安防控体系。因此，《决定》提出，加强社会治安综合治理，创新立体化社会治安防控体系。

**第一，积极预防和严厉打击违法犯罪活动**。一是把优良传统与运用现代化科技手段结合起来。按照网络化、信息化、社会化的要求，点线面结合，打防管控一体化运作，真正形成天罗地网，最大限度地预防和减少违法犯罪活动的发生。二是把专项打击与整体防控结合起来。因地制宜地组织开展打黑除恶、治暴缉枪、打击严重暴力犯罪、打击拐卖妇女儿童、打击电信诈骗等打击整治活动，坚决遏制严重刑事犯罪高发态势。三是把重点整治与完善机制结合起来。按照什么问题突出就重点整治什么、哪里治安混乱就重点整治哪里的原则，加强对治安混乱地区的排查整治。完善对特殊群体救治的管理机制，完善对枪支弹药、爆炸和易燃、剧毒物品、管制刀具等重点物品的管控机制，严防发生重大恶性案件和个人极端暴力事件。四是把网上防控与网下防控结合起来。强化网络依法公开管理，特别是对利用信息网络制造传播政治谣言、散布煽动性信息的，要坚决落地查人、依法处理，防止形成现实危害。充分运用法律法规打击网络犯罪，绝不能让网络成为法外之地，严防形成由网上向网下传导的社会动员破坏力量。

**第二，预防和减少群体性事件的发生**。做好3个排查化解，最大限度地把不稳定因素化解在萌芽状态。一是突出抓好矛盾纠纷的排查化解。当前，因征地拆迁、劳资纠纷、非法集资、环境污染等问题引发的社会矛盾明显增多，一旦应对不妥、处置不当，很可能造成矛盾升级、事态扩大，对这些矛盾纠纷一定要十分敏感，尽早化解。二是突出抓好治安隐患的排查整治。当前，一方面，刑事犯罪总量居高不下，流动人口犯罪、跨地区跨国跨境犯罪越来越多，少数地方黑恶势力犯罪比较猖獗；另一方面，新犯罪类型不断出现，网络犯罪、证券期货犯罪、信用卡犯罪、环境犯罪等新型犯罪层出不穷，侦办难度不断加大。对这些治安隐患一定要尽早排查并及时进行严厉整治。三是突出抓好高危人群的排查控制。一些犯罪分子心态失衡、性格偏激，在家庭、婚姻、就业等问题上遇到坎坷和挫折时，往往迁怒社会，采取极端行为发泄不满。对这些高危人群都要掌握，及时做好教育转化和稳控工作。

**第三，重点完善特殊人群管理服务机制**。一是加强对特殊人群的教育、矫治和综合干预，要在工作、生活上给出路，健全社会关怀帮扶体系，建立专门培训机构、专门医疗机构、专门学校、专门救助机构等，帮助解决他们在就业、就学、就医和生活、家庭等方面的实际困难，让他们感受到党和政府的关怀、社会的温暖，成为对社会有用、与社会和谐相处的人。二是继续开展重点青少年群体服务管理和预防犯罪试点工作，加强对重点青少年的排查联系和教育帮扶，完善专门学校管理体制和运行机制，严格落实未成年人轻罪记录封存等制度，做好有严重不良行为青少年教育矫治工作。

（新华社稿）

## 生态文明制度体系主要包括哪些内容？

《决定》强调，**“建设生态文明，必须建立系统完整的生态文明制度体系。”**我国生态文明制度体系主要包括决策制度、评价制度、管理制度、考核制度等内容。

**生态文明决策制度**。生态文明建设是一项系统工程，需要从全局高度通盘考虑，搞好顶层设计和整体部署。要针对生态文明建设的重大问题和突出问题，加强顶层设计和整体部署，统筹各方力量形成合力，协调解决跨部门跨地区的重大事项，把生态文明建设要求全面贯穿和深刻融入经济建设、政治建设、文化建设、社会建设各方面和全过程。

**生态文明评价制度**。把资源消耗、环境损害、生态效益纳入经济社会发展评价体系，建立体现生态文明要求的目标体系。把经济发展方式转变、资源节约利用、生态环境保护、生态文明制度、生态文化、生态人居等内容作为重点纳入到目标体系中，探索建立有利于促进绿色低碳循环发展的国民经济核算体系，探索建立体现自然资源生态环境价值的资源环境统计制度，探索编制自然资源资产负债表。

**生态文明管理制度**。建立空间规划体系，划定生产、生活、生态空间开发管制界限，落实用途管制。健全能源、水、土地节约集约使用制度。健全国家自然资源资产管理体制，统一行使全民所有自然资源所有者职责。完善自然资源监管体制，统一行使所有国土空间用途管制职责。统一监管所有污染物排放，实行企业污染物排放总量控制制度，推进行业性和区域性特征污染物总量控制，使污染减排与行业优化调整、区域环境质量改善紧密衔接。完善环境标准体系，实施更加严格的排放标准和环境质量标准。着力推进重点流域水污染治理和重点区域大气污染治理，鼓励有条件的地区采取更加严格的措施，使这些地区环境质量率先改善。依法依规强化环境影响评价，开展政策环评、战略环评、规划环评，建立健全规划环境影响评价和建设项目环境影响评价的联动机制。按照谁受益谁补偿原则，建立开发与保护地区之间、上下游地区之间、生态受益与生态保护地区之间的生态补偿机制，研究设立国家生态补偿专项资金，实行资源有偿使用制度和生态补偿制度。健全生物多样性保护制度，对野生动植物、生物物种、生物安全、外来物种、遗传资源等生物多样性进行统一监管。建立国家公园体制。实行以奖促保，把良好的生态系统尽可能保护起来、休养生息，优先保护水质良好的湖泊。加快自然资源及其产品价格改革，全面反映市场供求关系、资源稀缺程度、生态环境损害成本和修复效益，促进生态环境外部成本内部化。继续深化绿色信贷、绿色贸易政策，全面推行企业环境行为评级。加强行政执法与司法部门衔接，推动环境公益诉讼，严厉打击环境违法行为。在高环境风险行业全面推行环境污染强制责任保险。扩大环境信息公开范围，保障公众的环境知情权、参与权和监督权。健全听证制度，对涉及群众利益的规划、决策和项目，充分听取群众意见。鼓励公众检举揭发环境违法行为。开展环保公益活动，培育和引导环保社会组织健康有序发展。

**生态文明考核制度**。将反映生态文明建设水平和环境保护成效的指标纳入地方领导干部政绩考核评价体系，大幅提高生态环境指标考核权重。在限制开发区域和禁止开发区域，主要考核生态环保指标。严格领导干部责任追究，对领导干部实行自然资源资产离任审计。建立生态环境损害责任终身追究制。对造成生态环境损害的责任者严格实行赔偿制度，依法追究刑事责任。

（新华社稿）

# 如何落实坚定不移实施主体功能区制度的要求？

**《决定》要求“坚定不移实施主体功能区制度”，这是落实我国区域发展战略的一项重要举措，我们要深刻认识划定生态保护红线、严格按照主体功能区定位推动发展的重大意义。**

坚定不移实施主体功能区制度，要将适宜大规模、高强度工业化城市化开发的国土空间确定为优化开发或重点开发的城市化地区，使之集聚全国主要的经济活动和大部分人口，为农产品和生态产品生产腾出更多空间；将不适宜大规模、高强度工业化城市化开发的国土空间确定为限制开发或禁止开发的重点生态功能区，使之成为保障全国生态安全的生态空间；为保障农产品供给安全，防止过度占用耕地，对农产品主产区也要限制大规模、高强度的工业化城市化开发，使之成为保障国家农产品安全的农业空间。

坚定不移实施主体功能区制度，必须树立新的开发理念，调整开发内容，创新开发方式，规范开发秩序，提高开发效率，构建高效、协调、可持续的国土空间开发格局，促进城乡之间、区域之间、人与自然之间和谐发展。在准确把握主体功能区分类的基础上，牢固树立科学的开发原则。要坚持优化结构，把国土空间开发的着力点放到调整和优化空间结构、提高空间利用效率上，从占用土地的外延扩张为主转向调整优化空间结构为主，按照生产发展、生活富裕、生态良好的要求，逐步扩大绿色生态空间、城市居住空间、公共设施空间，保持农业生产空间，合理压缩工矿建设空间和农村居住空间。坚持保护自然，根据国土空间的不同特点，以保护自然生态为前提、以资源承载能力和环境容量为基础进行有度有序开发，走人与自然和谐发展道路。工业化和城市化要建立在对资源环境承载能力的综合评价基础上，矿产资源开发和交通等基础设施建设要避免对农业、生态环境带来不利影响。在水资源严重短缺、生态脆弱、生态系统重要、环境容量小、自然灾害危险性大的地区，要严格控制工业化城市化开发，适度控制其他开发活动，缓解开发活动对自然生态的压力。坚持集约开发，把提高空间利用效率作为国土空间开发的重要任务，引导人口相对集中分布、经济相对集中布局，走空间集约发展道路。把城市群作为推进城市化的主体形态，其他城市化地区要依托现有城市集中布局、据点式开发。城市发展要充分利用现有建成区空间，提高单位面积产出率。集约建设农村基础设施和公共服务设施，尽可能利用既有交通走廊进行交通建设。坚持协调开发，遵循人口与经济相协调的原则，集聚经济的区域要同时集聚相应规模的人口，促进缩小区域间人均收入差距。遵循人口、经济与资源环境相协调的原则，集聚人口和经济的规模不能超出资源环境承载能力，避免过度开发。遵循统筹城乡发展的原则，城市建设必须为农村人口进入城市预留生活空间，将城市基础设施和公共服务设施向农村延伸。坚持陆海统筹，强化海洋意识，把握好陆地国土空间与海洋国土空间的统一性，以及海洋系统的相对独立性，处理好陆地开发与海洋开发的关系，使陆地国土空间的开发与海洋国土空间的开发相协调。沿海地区集聚人口和经济的规模要与海洋环境承载能力相适应，统筹考虑海洋环境保护与陆源污染防治。海洋主体功能区的划分要与陆地国土空间的主体功能区相协调。

（新华社稿）

# 如何实行生态补偿制度？

**《决定》明确提出实行生态补偿制度，这对大力推进生态文明建设具有重要意义**。中央财政2008年设立国家重点生态功能区转移支付资金以来，转移支付范围不断扩大，转移支付资金不断增加，但实践中还存在补偿不规范、补偿形式单一、补偿主体对象不明确等问题，需要加以认真研究探索，建立和完善生态补偿制度，为加快推进生态文明建设提供坚实有效的制度保障。

着眼于确保生态功能区建设，要加快落实优化开发、重点开发、限制开发、禁止开发政策，尤其要进一步制定和落实相应的生态补偿制度，从宏观上实现经济、社会、生态效益最大化。着眼于约束生态环境消费，建立科学的生态补偿制度，让生态环境消费者的消费成本内部化、制度化、刚性化，以生态环境过度消费之费作为生态补偿之资。着眼于激励生态环境保护行为，让生态环境保护的收益内部化，使保护者得到补偿与激励，保障生态区群众和非生态区群众的平等发展权，实现生态环境保护行为的自觉自愿自利。建立生态环境保护的长效机制，还可以增强生态产品的生产和供给能力。

坚持使用资源付费和谁污染环境、谁破坏生态谁付费原则，必须因事制宜，明确特定的补偿责任主体，多个主体的要量化责任。坚持落实受益主体，针对目前存在补偿利益虚化、未补偿到真正受损者问题，有多个受损主体的要量化其利益，有多个受损方面的要全面覆盖受损的各个方面。坚持补偿标准体系化，针对现在的补偿没有准确反映受损主体差异性的问题，要在以社会、经济、生态分类细化补偿标准基础上，给地方政府、企业、个人差异性补偿，用于社会重建、经济发展、生态修复。坚持补偿模式多样化，改变现行的以政府财政转移支付为主的单一模式，辅以一次性补偿、对口支援、专项资金资助和税负减免等，同时通过制度规范，避免模式选择和补偿金额随意性。

生态补偿要逐步实现规范化、标准化、动态化。从生态补偿规范化看，各地各部门积极探索生态补偿制度建设，目前已初步建立了中央森林生态效益补偿基金制度、草原生态补偿制度、水资源和水土保持生态补偿机制、矿山环境治理和生态恢复责任制度、重点生态功能区转移支付制度等。今后，要在顶层制度层面明确生态补偿责任和生态主体义务，为生态补偿机制的规范运作提供法律依据，不断推进生态补偿的制度化和法制化。从生态补偿标准化看，首先要在建立科学的生态价值评价体系前提下，完善分类及测算方法，分别制定生态补偿标准，加快建立生态补偿标准体系。抓紧建立生态补偿效益评估机制，制定和完善监测评估指标体系，及时提供动态监测评估信息，逐步建立生态补偿统计信息发布制度。最重要的是完善经济社会发展考核评价体系，把资源消耗、环境损害、生态效益纳入经济社会发展评价体系，使之成为建立生态补偿制度、推进生态文明建设的重要导向。科学的生态补偿制度一定是动态化的，能够反映生态修复成本的不断提高，反映生态环境损害叠加累积的效应及逐渐恶化的趋势，反映人们对生态文明建设成果的更高需求，以可持续的生态补偿保障经济社会可持续发展，实现人与自然和谐发展。

（新华社稿）

# 怎样改革生态环境保护管理体制？

《决定》明确提出了关于改革生态环境保护管理体制的要求。落实这一要求，需要做好以下 3 个方面工作。

**第一，要充分认识改革的必要性**。同生态文明建设新要求和人民群众对良好环境的新期待相比，现行的生态环境保护管理体制主要的不适应表现在：一是统筹协调困难，顶层设计不足。生态环境保护是个系统工程，特别是在大力推进生态文明建设的背景下，强化部门协调、增强环保综合决策能力尤为紧迫。目前体制难以满足生态文明建设融入其他四大建设的新要求，很有必要进行顶层设计，建立健全同五位一体总体布局相适应的生态环境管理体制。二是部门职责分散交叉、权责脱节，影响行政效能和政府公信力。政出多门、权责脱节等问题突出，既增加管理对象负担，也浪费有限的行政资源。三是保障体系不完善，难以为环境监管提供有力支撑。由于职能交叉，造成执法主体和监测力量分散，多头执法、“数”出多门、重复建设问题突出。总的看，当前我国环境形势依然十分严峻，现行体制难以适应中央对环境保护监管提出的任务和要求，需要加以改革和完善。

**第二，必须明确改革原则**。**要坚持精简、统一、效能**。推动政府职能转变，整合国家管理资源，优化机构设置，避免机构重叠和职责交叉，促进职责体系和机构设置的有机统一，降低行政成本，提高行政效能。坚持生态系统完整性。环境保护必须遵循生态系统的特点进行综合管理，实现要素综合、职能综合、手段综合，将生态环境保护的要求贯穿生产、流通、分配、消费的各个环节，体现在全社会的各个方面。坚持资源开发利用与保护相分离。

**第三，必须明确改革目标**。主要包括：一是建立和完善严格的污染防治监管体制。对所有污染物，以及所有污染源，所有污染介质的污染防治实施监管，实现环境污染的全防全控。二是建立和完善严格的生态保护监管体制。对所有自然生态系统，野生动植物、生物物种、生物安全、外来物种、遗传资源等生物多样性，以及所有保护区域进行整合，实施监管。三是建立统一的核与辐射安全监管体制。统一监管民用核设施、核事故与辐射事故，建立统一的核与辐射安全监管及应急响应体系，形成独立、权威的核与辐射安全监管体制，确保核与辐射安全万无一失。四是建立和完善严格的环境影响评价体制。需要将战略环评、规划环评、项目环评等层面，以及海洋工程、海岸工程、水土保持等领域环境污染和生态影响的环评进行管理，避免多头负责、重复审批。五是建立权威的环境执法体制。将环境执法力量进行整合，明确环境执法地位，强化环境执法权威，建立有力高效的环境执法体制。六是完善国家环境监察制度。加强对有关部门和地方政府执行国家环境法律法规和政策的监督，纠正其执行不到位行为特别是一些地方政府对环保不当干预行为。七是建立和完善严格的环境监测预警体制。将地表水、地下水、海洋等环境监测资源进行整合，建立陆海统筹、天地一体的环境监测预警体制，为环境管理提供有力的基础保障。

（新华社稿）

# 为什么必须深化国防和军队改革？

《决定》把深化国防和军队改革纳入国家改革战略全局，作为一个重要部分进行部署，充分体现了以习近平同志为总书记的党中央对国防和军队建设的高度重视，表明了党中央、习近平主席站在时代高度，以改革创新为动力，建设巩固国防和强大军队的决心意志和使命担当，意义重大而深远。

当今世界，求和平、谋发展、促合作、图共赢成为时代潮流，同时国际形势继续发生深刻复杂变化，我国仍面临多元复杂的安全威胁和挑战，维护国家统一、领土主权、海洋权益和发展利益的任务更加艰巨。党的十八大提出，建设与我国国际地位相称、与国家安全和发展利益相适应的巩固国防和强大军队，是我国现代化建设的战略任务。我国面临的生存安全问题和发展安全问题、传统安全威胁和非传统安全威胁相互交织，要求国防和军队现代化建设有一个大的发展。

**实现党在新形势下的强军目标，必须深化国防和军队改革**。改革是我军发展的不竭动力，强军兴军根本出路在改革。我军从建军那天起，就在党的坚强领导下，适应形势任务发展变化，不断创新具有我军特色的军事制度和组织体制，不失时机进行改革，推动我军由小到大、由弱到强、从胜利走向新的胜利。可以说，一部人民军队建设发展的历史，就是一部不断改革发展的历史。新的历史条件下，走中国特色强军之路，实现强军目标，是一项开拓性的伟大事业。只有抓住深化改革这关键一招，着力解决制约国防和军队建设发展的突出矛盾和问题，才能有效应对前进道路上面临的新情况新挑战，为实现强军目标提供强大动力和体制机制保障。

**适应世界新军事革命加速发展、战争形态和作战样式深刻演变，必须深化国防和军队改革**。随着科技革命、产业革命、军事革命蓬勃发展，现代战争呈现出技术形态信息化、组织形态体系化等鲜明特征，陆海空天网电多维战场融为一体，制信息权成为夺取战场综合控制权的核心，一体化联合作战成为基本作战形式，打击方式更加注重立体、远程、快速、精确和非线性。世界主要国家竞相调整军事战略，加紧推进军事转型，改革组织体制，重塑军事体系，竭力抢占军事竞争制高点。我们必须乘势而上，紧跟世界军事发展潮流，始终站在时代前沿、军事前沿、技术前沿加紧推进改革，推动中国特色军事变革深入发展，努力缩小同世界强国在军事实力上的差距，掌握战略主动权。

**提高信息化条件下作战能力、有效履行我军职能使命，必须深化国防和军队改革**。军队是为打仗而存在的，必须坚持战斗力这个根本的标准，一切建设和工作向能打胜仗聚焦。经过一代又一代不懈奋斗，国防和军队建设取得巨大成就，我军履行使命任务能力显著增强。同时也要清醒地看到，我军正处于机械化建设尚未完成、信息化建设加速发展阶段，军队现代化水平与国家安全需求和世界先进军事水平相比还有较大差距。解放和发展生产力靠改革，解放和发展战斗力同样靠改革。加快建设信息化军队，实现我军现代化建设跨越式发展，必须深入推进改革，下大力气突破制约战斗力建设的观念性障碍、体制性弊端、结构性矛盾、政策性难题，不断提高我军打赢信息化条件下局部战争能力，坚决维护国家主权、安全、领土完整，保障国家和平发展。

（新华社稿）

# 如何把握国防和军队改革的目标任务？

《决定》**突出强调，必须紧紧围绕党在新形势下的强军目标推进改革**。习近平主席关于强军目标的重要思想，是党的军事指导理论的丰富和发展，体现了我们党在新形势下建军治军的总方略。

**第一，要推进领导管理体制和联合作战指挥体制改革**。领导管理体制和联合作战指挥体制，在军队组织体制中处于主导地位，是军队管理和作战的“中枢神经”。推进领导管理体制改革，要按照调整职能、理顺关系、优化结构、提高效能的思路，优化军委总部领导机关职能配置和机构设置，完善各军兵种领导管理体制，完善新型作战力量领导体制，加强信息化建设集中统管。进一步健全联合作战指挥体制，对于拓展深化军事斗争准备、提高我军一体化联合作战能力，至关重要，十分紧迫。联合作战指挥体制改革，上位是领导管理体制改革，下位是制度机制完善。要遵循信息化条件下联合作战内在规律，从我军实际出发，按照权威、精干、灵便、高效的要求，健全军委联合作战指挥机构和战区联合作战指挥体制，相应推进联合作战训练和后勤、装备保障体制改革。同时，着眼履行维护国家安全和社会稳定、保障人民安居乐业的使命任务，优化武装警察部队力量结构和指挥管理体制。

**第二，要优化军队规模结构和力量编成**。积极推进我军信息化主导的机械化信息化复合发展，进一步实现由数量规模型向质量效能型、人力密集型向科技密集型转变，提高基于信息系统的体系作战能力，必须对现有规模结构和力量编成进行调整优化。着眼有效应对国家安全面临的威胁和挑战，调整改善军兵种比例，优化军兵种内部结构，重点加强海军、空军、第二炮兵部队建设，促进各军兵种力量协调发展。突出新型作战力量建设这个战略重点，着力增强新质作战能力，减少老旧落后装备，为加快发展新型作战力量“腾笼换鸟”。依据不同方向安全需求和作战任务改革部队编成，进一步把作战部队编强，推动部队编成向充实、合成、多能、灵活方向发展。调整改善官兵比例、部队与机关比例，减少非战斗机构和人员。要继续深化军队院校改革，整合院校教育资源，健全军队院校教育、部队训练实践、军事职业教育三位一体的新型军事人才培养体系。特别要运用远程网络教育等多种渠道，搭建全员全时全域军事职业教育平台，创建学习型军营，推进教育培训向素质教育、终身教育创新发展。

**第三，要深化军队政策制度调整改革**。《决定》部署的政策制度调整改革内容丰富，“重头戏”是健全完善与军队职能任务需求和国家政策制度创新相适应的军事人力资源政策制度。军官政策制度改革，大方向是建立军官职业化制度。实行军官职业化，是多数国家的通行做法。建立中国特色军官职业化制度，要坚持党管干部原则，围绕提高军官打仗能力和职业素养，抓住军官服役、分类管理、任职资格、等级设置等关键性问题，系统调整改革选拔任用、培训交流、福利待遇、退役保障等政策制度，构建科学规范、导向正确、前景透明的职业发展路径，为打造托举强军目标的高素质军官队伍提供制度支撑。健全完善文职人员制度和兵役制度、士官制度、退役军人安置制度改革的配套政策，继续深化军人医疗、保险、住房保障等制度改革，进一步增强军人职业荣誉感自豪感和军队凝聚力战斗力。着眼提高保障质量效益，坚持厉行节约、勤俭建军，健全军费管理、资源配置、物资采购等制度机制。同时，适应社会环境和军队组织形态、武器装备、官兵成分发展变化，树立现代管理理念，探索改进军事管理方式方法，健全军事法规制度体系，提高军事管理科学化、法治化、标准化、精细化水平，促进形成文化自觉。

（新华社稿）

# 为什么要推动军民融合深度发展?

**推动军民融合深度发展，是《决定》对深化国防和军队改革作出的又一重要战略部署，是顺应时代潮流和现实发展的客观要求，是我军根植人民服务人民、军民共建巩固国防和强大军队的内在需要，是实现富国和强军相统一的重要途径。**

寓军于民、军民融合是市场经济国家的一般做法。国防建设往往体现着一个国家的科技水平和组织能力，需要集中国家最精锐的科研和生产力量。在总资源有限的情况下，如果军民脱离，资源过分向军用倾斜而忽略一般社会需求，导致经济建设和国防建设头重脚轻，最终经济无力支撑过分强大的国防而垮台。另一方面，如果强大的经济力量无法形成必要的国防实力，也会影响国家安全，影响国际地位和国际影响力提高。长期以来，我国同西方发达国家国防和军事方面的差距，很大程度上也与还没有形成完全适应市场经济环境的健全的军民融合体制机制密切相关。

寓军于民、军民融合是我军长期的光荣传统，是人民战争思想的重要体现。改革开放以来，随着经济体制从高度集中的计划经济向社会主义市场经济的转变，随着打赢信息化条件下局部战争对科技水平要求的提高，人民战争思想如何适应新的经济社会发展环境成为一个重要课题。经过多年来的不懈探索，我们找到了中国特色军民融合式发展路子。党的十七大提出，“建立和完善军民结合、寓军于民的武器装备科研生产体系、军队人才培养体系和军队保障体系，坚持勤俭建军，走出一条中国特色军民融合式发展路子。”党的十八大进一步强调，“坚持走中国特色军民融合式发展路子，坚持富国和强军相统一，加强军民融合式发展战略规划、体制机制建设、法规建设。”这些论述不仅指明了军民融合式发展的基本方向，而且拓展了军民融合式发展的思路和范围，提出了统筹协调经济建设和国防建设新的改革发展要求。

要进一步做好军民融合这篇大文章，必须全面贯彻落实党的十八大和十八届三中全会精神，加紧在国家层面建立推动军民融合发展的统一领导、军地协调、需求对接、资源共享机制，促进基础设施和重要领域深度融合。要合理利用资源，控制军费规模，不仅要“民拥军”，还要“军拥民”，推动经济建设和国防建设协调发展。围绕提高国防科研和武器装备自主创新能力，健全国防工业体系，完善国防科技协同创新体制，改革国防科研生产管理和武器装备采购体制机制，引导优势民营企业、优质社会资源进入军品科研生产和维修领域，推动军工产业升级，为铸造强军“利器”提供物质技术支撑。改革完善依托国民教育培养军事人才的政策制度，合理确定培养目标和规模，提高人才培养效益。拓展军队保障社会化范围和领域，减轻军队“办社会”负担，同时发挥社会化保障拉动内需、促进经济发展的作用。国防动员是军民融合的重要组织形式和桥梁，要深化国防教育改革，健全国防动员体制机制，优化后备力量规模、结构、布局，完善平时征用和战时动员等法规制度，增强打赢未来战争的国防潜力。深化民兵预备役体制改革。调整理顺边海空防管理体制机制，提高边海空防建设水平和综合管控能力。

（新华社稿）

# 为什么要加强和改善党对全面深化改革的领导？

《决定》**提出，全面深化改革必须加强和改善党的领导，充分发挥党总揽全局、协调各方的领导核心作用**。这是全面深化改革顺利进行并取得成功的根本保证。

**加强和改善党的领导，是确保改革正确方向的根本**。当前，全面深化改革面临的国际国内环境发生了深刻变化，在纷繁复杂的形势面前，在各种思想观念和利益诉求相互激荡下，要沿着正确方向推进改革，必须牢牢把握党对全面深化改革的领导权和主动权。要增强战略定力，坚持一切从实际出发，坚持以我为主，能改的坚决改，该快则快、该慢则慢，不能改的坚决守住。一定要从我国的具体国情出发，从经济社会发展实际要求出发，有领导、有步骤地推进改革，不求轰动效应，不做表面文章。

**加强和改善党的领导，是广泛凝聚全党全国共识、最大限度聚集推进改革合力的保证**。全面深化改革是一个持续不断的过程，必然涉及各种社会关系、利益格局的调整。特别是随着改革进入攻坚期和深水区，没有坚强的政治领导、思想引导，改革就不可能顺利推进。只有加强党的领导，充分发挥党总揽全局、协调各方的领导核心作用，善于通过提出和贯彻正确的路线方针政策带领人民前进，善于从人民的实践创造和发展要求中完善政策主张，才能使改革发展成果更多更好地惠及全体人民，把党内外一切可以团结的力量广泛团结起来，把国内外一切可以调动的积极因素充分调动起来，从而汇合成推进改革开放强大力量。

**加强和改善党的领导，也是提高党的领导水平和执政能力的紧迫课题**。新形势下，党面临的执政考验、改革开放考验、市场经济考验、外部环境考验是长期的、复杂的、严峻的。《决定》明确提出，建设学习型、服务型、创新型的马克思主义执政党，提高党的领导水平和执政能力。要紧紧围绕提高科学执政、民主执政、依法执政水平深化党的建设制度改革，加强民主集中制建设，完善党的领导体制和执政方式。可见，加强和改善党对全面深化改革的领导，是加强党的执政能力建设、推进党的自身改革的题中应有之义，是为了实现党对全面深化改革的有效领导。

加强和改善党对全面深化改革的领导，要着力抓好几个方面工作：一是把握改革方向，凝聚改革共识。牢牢把握完善和发展中国特色社会主义制度这个主题，坚持社会主义市场经济改革方向。引导全党同志把思想和行动统一到中央全面深化改革重大决策部署上来，正确处理中央和地方、全局和局部、当前和长远的关系，正确对待利益格局调整，充分发扬党内民主，坚决维护中央权威，保证政令畅通。二是完善推进改革落实的机制。中央成立全面深化改革领导小组，负责改革总体设计、统筹协调、整体推进、督促落实。各级党委要切实履行对改革的领导责任，增强进取意识、机遇意识、责任意识，完善科学民主决策机制，以重大问题为导向，把各项改革举措落到实处。三是加强领导班子和基层党组织建设。完善干部教育培训和实践锻炼制度，不断提高领导班子和领导干部推动改革能力。创新基层党建工作，健全党的基层组织体系，充分发挥基层党组织的战斗堡垒作用。四是营造全面深化改革良好社会环境。坚持党的群众路线，充分发挥人民群众积极性、主动性、创造性，充分发挥工会、共青团、妇联等人民团体作用。鼓励地方、基层和群众大胆探索，及时总结经验，宽容改革失误，加强宣传和舆论引导。

（新华社稿）

# 怎样提高领导班子和领导干部推动改革能力？

政治路线确定之后，干部就是决定的因素。各级领导班子是一个地方、一个单位各项事业的领导核心，在推进全面深化改革中承担着特别重要的责任。必须切实按照《决定》要求，加强各级领导班子建设，不断提高领导班子和领导干部推动改革能力。

**第一，加强思想政治建设，进一步坚定理想信念，保持奋发有为的精神状态**。要在各级领导班子和领导干部中深入开展中国特色社会主义理论体系教育、党章学习教育、中国梦教育、党史国史特别是改革开放史教育，进一步坚定理想信念，增强道路自信、理论自信、制度自信。要进一步解放思想，着力提高领导干部推动改革的意识。各级领导班子和领导干部要承担起推进改革的历史重任，必须有自我革新的勇气和胸怀，既勇于冲破思想观念的束缚，又勇于突破利益固化的藩篱，做到思想永不僵化，改革永不停顿。要坚持解放思想、实事求是、与时俱进、求真务实，克服因循守旧、畏葸不前的思想障碍，克服部门利益的掣肘，积极推进改革。要大胆探索，开拓创新，攻坚克难，敢于啃硬骨头，敢于涉险滩，创造性地贯彻落实中央的决策部署。要增强问题意识，紧紧围绕经济社会发展的重大问题，人民群众反映强烈的突出问题，弄清问题的症结所在，找准突破的方向和着力点，把《决定》提出的各项改革举措落到实处。同时，坚持一切从实际出发，把锐意改革的勇气与科学求实的态度结合起来，确保改革稳健有序、扎实有效。

**第二，加强能力建设，在学习和实践中积累新经验，把握新规律，增长新本领**。全面深化改革，要求各级领导班子和领导干部提高把握和运用市场经济规律、自然规律、社会发展规律能力，提高科学决策、民主决策能力，提高依法办事、做群众工作的能力。要加强学习型班子建设，围绕改革发展中的重大问题加强学习和调研，在总结反思中深化认识、把握规律，不断提高领导工作水平。各级领导干部要以时不我待的精神加强学习和实践，增强全球思维和战略眼光，丰富科学知识储备，努力使自己成为政策水平高、专业能力强、实践经验多、善于领导改革开放的行家里手。各级党委及其组织部门要重视在各级领导班子中配备推动改革意识和能力强的干部，着力营造鼓励和支持改革的用人导向。要完善干部教育培训制度，认真落实新一轮全国干部教育培训五年规划，全面推进理论武装、党性教育、能力培训和知识更新，深化干部教育培训改革，努力形成更加开放、更具活力、更有实效的中国特色干部教育培训体系，使干部德才素质和履职能力显著提升。

**第三，加强作风建设，把改进作风作为推动全面深化改革的重要保障。实干兴邦，空谈误国**。各级领导干部要坚持为民务实清廉，切实转变工作作风，做到讲实话、干实事，敢作为、勇担当，言必信、行必果。要完善科学民主决策机制，坚持科学决策、民主决策、依法决策，加强调查研究，健全决策咨询机制，充分发扬党内民主，发挥好领导班子集体作用。要深入扎实开展党的群众路线教育实践活动，切实解决形式主义、官僚主义、享乐主义和奢靡之风这“四风”问题，对作风之弊、行为之垢来一次大排查、大检修、大扫除，不断赢得人民群众信任和拥护。要大力弘扬脚踏实地、埋头苦干、攻坚克难的优良作风，坚决克服浮躁思想和短期行为，在求实、务实、落实上下功夫，发扬“钉钉子”精神，抓铁有痕、踏石留印，以作风建设新成效奋力把改革事业推向前进。

（新华社稿）

# 怎样创新基层党建工作？

推动全面深化改革，各级党委必须高度重视抓基层、打基础工作，切实按照《决定》要求，创新基层党建工作，健全党的基层组织体系，充分发挥基层党组织的战斗堡垒作用。

**创新基层党建工作，必须确保党的组织和党的工作全覆盖**。全面深化改革必将对基层党组织的设置形式、功能定位、活动方式等产生深刻影响。要积极适应经济基础、体制环境、社会条件的新变化，适应产业布局、行业分工、党员流向的新变化，因地制宜、灵活多样地推进党组织的设置。在强化农村、城市社区等传统领域党组织建设的同时，加大非公有制经济组织、社会组织党建工作力度，加大在农民专业合作社、专业协会、产业链、外出务工经商人员相对集中点建立党组织的力度，给指导、给资源、给手段，提高党的工作的辐射力、影响力，实现“有形覆盖”和“无形覆盖”的统一。改革完善以党组织为核心的基层组织架构，充分发挥基层党组织的政治引领和社会整合功能。要本着便于参与、功能实用的思路，集信息服务、学习培训、开展活动于一体，加强党员活动阵地建设。积极适应信息化发展趋势，重视利用互联网、手机等新兴传播媒体，拓展基层党建工作渠道阵地。要加强城乡基层党建工作资源整合，推行机关、企业、社区党组织同农村党组织结对帮扶等做法，构建城乡统筹的基层党建工作新格局。

**创新基层党建工作，必须切实加强和改进党员队伍建设**。按照

“控制总量、优化结构、提高质量、发挥作用”的总要求，坚持有计划、有步骤地发展党员，加大在青年工人、农民和知识分子中发展党员力度，优化党员队伍构成，提高发展党员质量。要健全党员能进能出机制，认真落实党员党性定期分析和民主评议制度，出台处置不合格党员的指导性意见，疏通出口、纯洁队伍、健康机体。要按照明确责任主体、分类管理服务、多方协同配合的要求，改进对流动党员的管理。加强对老党员和生活困难党员的帮扶，增强他们对党组织的归属感和荣誉感。健全党员立足岗位创先争优长效机制，激发党员投身改革、建功立业的内在动力，为全面深化改革作出积极贡献。

党的十八大提出加强基层服务型党组织建设，是对基层党组织功能定位的深化，是基层党建工作思路的创新，也是提高基层组织战斗力的有效途径。要以此来指导党的基层组织建设，深刻把握“服务型”的内在要求，把工作重心转到服务改革、服务发展、服务民生、服务群众、服务党员上来，使服务成为基层组织建设的鲜明主题。一**要强化服务功能**。寓教育管理于服务之中，整合服务资源，丰富服务内容，创新服务方式，提高服务能力，完善服务体系，推动服务群众工作制度化、机制化、常态化、长效化。坚持把改革发展的目标任务落实到基层，帮助群众解决增收致富、上学、看病、就业、养老、住房等问题，多运用民主协商、说服教育、示范引导等方法做好群众工作。**二要提高服务能力**。高度重视基层党组织带头人队伍建设，采取“两推一选”、组织选派等方式，把那些党性强、能力强、服务意识强的人充实到基层领导岗位上来。加强教育培训，提高基层党组织和党员干部推动深化改革、服务科学发展的能力，服务群众、凝聚人心的能力，协调关系、维护社会和谐稳定的能力。**三要完善服务保障**。要真情关怀、真诚关心、真心爱护基层干部，激励他们扎根基层、干事创业。积极探索建立财政投入为主、社会各方支持、基层党组织自我补充的多元化经费保障机制，切实改变一些地方基层组织没人管事、没钱办事、没场所议事的状况，为基层组织开展工作、服务群众创造良好条件。

（新华社稿）

# 如何构建有效管用、简便易行的选人用人机制？

全面深化改革，必须造就宏大的高素质执政骨干队伍。《决定》**提出，坚持党管干部原则，深化干部人事制度改革，构建有效管用、简便易行的选人用人机制**。这就进一步指明了深化干部人事制度改革的方向和思路。深化干部人事制度改革，要着眼于培养选拔信念坚定、为民服务、勤政务实、敢于担当、清正廉洁的好干部，抓住当前干部群众反映突出的重点难点问题，科学设计，扎实推进，务求实效。

**第一，完善干部选拔任用相关制度**。一是完善民主推荐、民主测评制度。发挥党组织的领导和把关作用，强化党委（党组）、分管领导和组织部门在干部选拔任用中的权重和干部考察识别的责任，把加强党的领导和充分发扬民主结合起来。一方面，要改进民主推荐、民主测评方式和程序，增强民意表达的真实性。另一方面，要正确分析和运用民主推荐、民主测评结果，把得票作为用人的重要参考，对照分析平时掌握的干部德才和实绩情况，综合考虑决定人选，坚决纠正唯票取人现象。二是改进竞争性选拔干部办法。科学确定公开选拔和竞争上岗的范围和规模，改进选拔程序和方法，引导干部在实干、实绩上竞争，坚决纠正以分取人现象。三是区分实施选任制和委任制干部选拔方式。根据选任制和委任制的不同特点，探索不同的干部人选产生方式和票数的权重，避免一刀切。选任制干部即各级党政领导班子成员，适用选举民主。委任制干部即各级党政机关的部门领导、中层干部和一般干部，适用“实绩晋升”。这一层面干部的选拔，主要是扩大提名、考察环节的民意收集和决定环节党委（党组）内部的民主，不能把竞争性选拔作为主要方式甚至唯一方式。四是改进优秀年轻干部培养选拔机制。按照拓宽来源、优化结构、改进方式、提高质量的要求，搞好优秀年轻干部培养选拔的总体规划，下大气力抓好培养工作。注意用好各年龄段干部，既重视选拔优秀年轻干部，又合理使用其他年龄段的干部，不能简单地以年龄划线，不搞任职年龄层层递减。

**第二，改革和完善干部考核评价制度**。《决定》明确提出，完善发展成果考核评价体系，纠正单纯以经济增长速度评定政绩的偏向，加大资源消耗、环境损害、生态效益、产能过剩、科技创新、安全生产、新增债务等指标的权重，更加重视劳动就业、居民收入、社会保障、人民健康状况。要据此改革实绩考核指标体系的设置，完善考核办法，健全奖惩机制，形成促进科学发展导向，促进干部树立正确政绩观。要实行对不同区域、不同层次、不同类型领导班子和领导干部分类考核。改进德的考核办法，细化干部德的评价标准。把考察识别干部的功夫下在平时，健全到基层干部群众中、从履职过程中考察干部制度，完善通过谈心谈话、民主生活会了解干部的办法，建立领导班子、领导干部综合分析研判制度，增强考核全面性和准确性。

**第三，完善干部管理相关制度**。一是打破干部部门化，拓宽选人视野和渠道，加强干部跨条块跨领域交流。二是破除“官本位”观念，推进干部能上能下、能进能出。创造条件，逐步取消学校、科研院所、医院等单位的行政级别。三是完善从严管理干部队伍制度体系，把从严治党要求落实到对干部严格考核、选拔和监督上，贯穿于干部选拔任用全过程。要完善和落实领导干部问责制，规范被问责党政领导干部重新任职的条件、程序。四是完善干部激励保障机制。主要推行公务员职务与职级并行、职级与待遇挂钩制度，着力改变公务员队伍千军万马挤领导职务独木桥的问题，使机关干部都能各尽所能、各得其所。

（新华社稿）

# 怎样深化公务员分类改革？

《决定》提出，**深化公务员分类改革，推行公务员职务与职级并行、职级与待遇挂钩制度，加快建立专业技术类、行政执法类公务员和聘任人员管理制度**。公务员分类管理是完善中国特色公务员制度的重要内容，对提高公务员管理效能和科学化水平，调动广大公务员积极性具有重要作用。

**第一，推行公务员职务与职级并行、职级与待遇挂钩制度**。当前干部人事管理强调职务较多，工资待遇等都与职务挂钩。特别是在县以下机关，受机构规格等限制，公务员职务晋升难、待遇偏低的矛盾更为突出。《决定》明确提出，推行公务员职务与职级并行、职级与待遇挂钩制度。目前，有关部门对建立公务员职务与职级并行制度进行了深入研究，拟订了具体办法。总的考虑是，在公务员法规定的制度框架内，保持现有领导职务和非领导职务晋升制度不变，建立依据级别和任职年限等条件晋升职级的制度，实行职级与待遇挂钩，强化职级在确定干部工资、福利等方面的作用，实现职务与职级并行。这项制度经中央批准正在县以下机关开展试点。要在试点的基础上加以完善和推广。

**第二，加快建立专业技术类、行政执法类公务员和聘任人员管理制度**。公务员法规定，按照公务员职位的性质、特点和管理需要，将公务员职位划分为综合管理类、专业技术类和行政执法类等类别。近年来，中央有关部门在公安、国家安全、税务、工商、质检等机关开展了专业技术类和行政执法类公务员管理试点。要在总结试点经验基础上，抓紧制定专业技术类、行政执法类公务员管理办法。一是科学划分职位范围。将机关中单纯从事专业技术工作、为机关履行职责提供专业技术支持和服务的公务员，如法医、刑事技术鉴定等人员，划为专业技术类公务员进行管理。将行政机关中依照法律、法规对行政执法相对人直接开展征收、稽查、强制、处罚等的一线执法人员，划为行政执法类公务员进行管理。要适应机关工作对专业化要求越来越高的实际，适当拓宽专业技术类职位设置范围，如宏观经济部门要有经济学方面的专家，环保部门要有环保方面的专家，卫生计生部门要有医保计生方面的专家。二是建立符合专业技术和行政执法类职位特点管理制度。专业技术类公务员，重点是建立符合专业性人才成长规律的吸引、培养、选拔、评价、使用制度，解决机关急需的专业人才引不进、管不好、留不住的问题。行政执法类公务员，重点是通过精细化管理提高执法效能和公共服务水平。三是完善聘任人员管理制度。着眼于为机关少量专业性较强的职位和辅助性职位提供更为开放灵活、便捷的用人方式，完善职位聘任配套制度，创新聘任合同管理，有的可以不走公务员序列。

**第三，完善基层公务员录用制度**。做好基层公务员录用工作，有利于提高公务员队伍整体素质，改善公务员队伍来源结构。近年来，有关部门采取措施鼓励县乡机关吸引优秀应届毕业生报考，加大从优秀村干部和大学生村官等服务基层项目人员定向招录基层公务员的力度等，取得较好成效。但目前在基层特别是艰苦边远地区仍存在部分职位招人难问题，一些优秀村干部、优秀工人农民等生产一线人员，由于文化层次较低，很难通过考试脱颖而出进入公务员队伍。因此，要完善基层公务员录用制度，在艰苦边远地区适当降低进入门槛。在坚持“凡进必考”基础上，可采取适当降低报考学历、专业要求，探索多样化考试方式，拿出一定数量职位面向特定群体招考等。

（新华社稿）

# 怎样建立集聚人才的体制机制？

**《决定》提出，建立集聚人才体制机制，择天下英才而用之。**这是加快确立人才优先发展战略布局，推动我国由人才大国迈向人才强国的体制保证，有利于为全面深化改革提供有力人才支撑。

建立集聚人才体制机制，首先要深刻分析人才工作面临的新形势新情况。《决定》强调，打破体制壁垒，扫除身份障碍，让人人都有成长成才、脱颖而出的通道，让各类人才都有施展才华的广阔天地。这是人才工作重要理念创新。改革开放以来，经济社会发展为人们提供了广阔的发展空间，但当前，出现了社会分层“凝固化”和社会流动“缓慢化”趋势。这不仅不利于把大批优秀人才凝聚到党和国家事业中来，而且易激起社会“仇官心理”。一段时间以来，人们对一些年轻干部破格提拔习惯性质疑，深层次折射出社会公众对社会流动不畅的焦虑。因此必须着力于打破体制壁垒，扫除身份障碍，大力营造机会公平、规则公平的制度环境，让社会各阶层人员都有通过平等竞争向上发展的机会和通道。

**第一，完善党政机关、企事业单位和社会人才顺畅流动的制度体系。**现在，党政机关、企事业单位之间干部交流渠道不够通畅，许多社会优秀人才，包括非公有制经济组织、新社会组织、自由职业者中的人才，海外留学人员和普通工人农民，由于受到体制和身份的限制，难以进入党政干部队伍。要探索建立由多种干部选拔方法、多条干部选拔渠道构成的干部选拔体系，进一步拓宽选人用人视野。对社会上的优秀人才可推行直接引进、公开选拔、聘任、挂职等办法，畅通进入党政领导岗位和公务员队伍的渠道，给他们提供平等的机会。同时，对党政机关干部向企事业单位流动也要进行一些制度性探索，打通干部在不同体制之间的流转，优化干部队伍结构，增强干部队伍的活力，促进人才资源的开发和利用。当然，这种流动要严格按制度办事，增强透明度，接受社会监督，防止期权交易、权力寻租等“旋转门”问题的发生，干扰正常的经济秩序，滋生腐败。

**第二，健全人才向基层流动、向艰苦地区和岗位流动、在一线创业的激励机制**。当前推动基层各项事业改革发展，面对的迫切问题是人才缺乏，中西部地区和基层学校、医疗卫生、农技推广等机构和艰苦岗位人才匮乏、留不住人、人员素质整体偏低的问题比较突出。因此，要创新体制机制，完善激励政策。在待遇、职称、选拔任用等方面真正向基层、向中西部地区和艰苦岗位人才倾斜，切实解决他们在工作、学习、生活等方面的实际困难，促进人才向缺乏人才的地区聚集。广大的基层和中西部地区要树立“不求所有，但求所用”的理念，打破户籍、地域、身份、人事关系等刚性制约，通过智力引进、人才创业、人才派遣等多种形式，实现高层次人才的柔性引进。要大力倡导服务基层、奉献社会的精神，鼓励年轻人到基层和艰苦地区锻炼成长。

**第三，加快形成具有国际竞争力的人才制度优势**。必须主动适应构建开放型经济新体制要求，增强人才政策开放度，敞开大门，招四方之才。要完善人才评价机制，借鉴国际经验，研究建立各类人才能力素质标准体系，通过业绩和贡献评价人才，依靠实践和群众发现人才。要持之以恒抓好“千人计划”等重大人才工程的实施，完善人才签证、绿卡等管理办法，研究制定国家技术移民、投资移民等法律，推动人才试验区建设等，大力吸引国（境）外优秀人才回国或来华创业发展。

（新华社稿）

# 如何为全面深化改革营造良好社会环境?

全面深化改革涉及各方面的关系和广泛的利益调整，如果没有全党全社会的积极性，没有广大人民群众的参与和支持，就不可能形成强大的合力，改革也就难以顺利推进。为此，就必须按照《决定》要求，坚持人民是改革的主体，着力为全面深化改革营造良好社会环境。

**第一，充分发挥人民群众积极性、主动性、创造性**。人民群众是改革开放的主力军。要坚持党的群众路线，建立社会参与机制，充分尊重人民首创精神，把实现好、维护好、发展好最广大人民根本利益作为全面深化改革的出发点和落脚点，把充分调动人民群众的积极性、主动性、创造性作为全面深化改革的着力点和支撑点，把保障和改善民生放在全面深化改革的突出位置。任何改革方案的制定和实施，都要充分听取社会各方面特别是基层群众的意见和建议，充分考虑群众承受能力，最大限度地凝聚改革共识，妥善协调各方面利益关系，真正做到改革为了人民、改革依靠人民、改革成果由人民共享。要加强思想政治工作。全面深化改革是一场深刻的革命，不会是一帆风顺的，一定会出现各种各样的复杂情况和问题，一定会遇到重重障碍。要教育党员和群众以大局为重，以党和国家整体利益为重。只要我们信任群众，走群众路线，把情况和问题向群众讲明白，任何问题都可以解决，从而更好地组织和动员广大群众共同推进改革。

**第二，充分发挥工会、共青团、妇联等人民团体作用**。各级工会、共青团、妇联，以及科协、文联、侨联、作协等人民团体，作为党领导的群众组织，组织体系完备、工作覆盖面广，在参与全面深化改革，推进发展稳定中具有明显的组织优势和工作优势。要适应新形势新任务新要求，进一步加强和改进党对人民团体工作的领导，进一步明确角色定位，充分发挥其职能作用。各人民团体要积极主动地代表和组织各自联系的群众支持改革、参与改革，及时反映他们的意愿和要求，同时，做好思想引导、释疑解惑工作，形成推动改革的凝聚力和向心力。要引导社会组织参与改革，充分发挥社会组织在利益表达、反映诉求、协调矛盾等方面的作用，为全面深化改革作出积极贡献。

**第三，鼓励地方、基层和群众大胆探索**。把自上而下的改革与自下而上的改革结合起来，鼓励各地区各部门大胆探索。对重大改革要先行先试，总结经验，逐步推开。高度重视发挥各类综合配套改革试验区的示范带动作用，授权试验区勇于尝试。加大对各类改革试验试点的指导、支持力度，充分发挥其先行先试、试水探路的作用。强化"中层设计"，发挥省一级在"顶层设计"和"基层探索"中承上启下作用，赋予省一级更多的改革权限和改革资源。鼓励基层和群众消除思想顾虑，勇于改革，大胆试、大胆闯，坚持摸着石头过河，从实践中获得真经。对于改革探索中的一些失误和不足，不搞求全责备，积极加以引导，不断改进完善，真正把蕴藏于人民群众之中的力量进一步挖掘出来、释放出来。

**第四，加强改革的正面宣传和舆论导向**。全面深化改革，时间跨度大，牵涉面广，应积极做好有关改革内容的宣传解释和舆论引导工作。要大力宣传深化改革的重大意义和历史必然性，宣传中央关于深化改革的大政方针和重大部署，宣传各地推进改革的新举措、新进展、新成效。在改革进程中及时向公众解疑释惑，做好对改革正面引导，让民众了解改革、理解改革、参与改革，营造有利于全面深化改革的良好社会环境。

（新华社稿）